# ŒUVRES

DE

## JACQUES DELILLE.

# FRONTISPICE

Là quelquefois plaintive et désolée,
Pour me charmer encor, dans mon triste séjour,
Tu viendras visiter, au déclin d'un beau jour,
Mon poétique mausolée.

Lemercier inv.                           P. Baquoy sculp.

# OEUVRES

DE

# JACQUES DELILLE.

DIX-SEPTIÈME VOLUME,

CONTENANT

## LES OEUVRES POSTHUMES

EN PROSE ET EN VERS,

SUIVIES

D'UNE TABLE GÉNÉRALE DES MATIÈRES.

A PARIS,
CHEZ L. G. MICHAUD, LIBRAIRE,
RUE DE CLÉRY, N°. 13.

M. DCCC. XX.

# AVIS DE L'ÉDITEUR.

Tant que Delille vécut, il avoit à peine mis au jour un de ses immortels ouvrages, que les lecteurs se demandoient déjà de quel nouveau chef-d'œuvre il alloit enrichir notre littérature. On a cru, avec quelque raison, que c'étoit de lui que Gilbert disoit, en 1775 :

> Son chef-d'œuvre est toujours l'écrit qui doit éclore ;
> On récite déjà les vers qu'il fait encore.

Et cette assertion qui, dans la bouche du satirique, ne pouvoit être considérée que comme une exagération ironique, étoit cependant dès-lors rigoureusement vraie.

Depuis cette époque, l'enthousiasme n'a fait que s'accroître jusqu'à la mort de Delille ;

et dans ses dernières années, l'admiration qu'il excitoit alla jusqu'au fanatisme ; il avoit réuni dans ce sentiment les hommes de tous les rangs et de toutes les opinions ; enfin on peut dire avec certitude, que peu de poëtes ont joui pendant leur vie de plus de renommée.

Si cette renommée ne s'est pas accrue après la mort de Delille, il est au moins bien sûr qu'elle a conservé tout son éclat ; et si l'on ne peut plus réciter les vers qu'il fait encore, on se demande au moins souvent si tous ceux qu'il a faits ont vu le jour ; on veut savoir si quelques parties de ses trésors poétiques ne restent pas encore enfouies dans les ténèbres.

Occupés depuis plusieurs années de répondre à un aussi louable empressement, nous sommes enfin parvenus à former un volume qui complète la Collection des OEuvres de Delille que nous avons publiée successivement, et dont il est le DIX-SEPTIÈME.

Ce volume contient :

1°. Un des plus beaux morceaux de prose que l'auteur ait écrits : c'est un *Discours sur l'Éducation*, prononcé en 1766, dans une solennité du collége d'Amiens, où il était alors professeur.

2°. Une *Lettre adressée à l'abbé Barthélemy*, lors de la publication du Voyage d'Anacharsis. Si cette lettre n'est pas un des éloges les plus étendus et les plus étudiés de cette immortelle production, c'est du moins un de ceux qui dûrent le plus flatter l'auteur.

3°. *Ode à M. Molé, premier président, sur la naissance d'un fils.*

Cette pièce, l'une des premières productions de l'auteur, doit être considérée comme inédite, puisque de vingt strophes dont elle est composée, huit seulement ont paru dans le recueil de poésies fugitives qui forme le premier volume de notre Collection. On ne trouvera donc pas mauvais qu'ayant pu la recueillir toute entière, nous la donnions dans son intégrité.

4°. *Le Départ d'Eden, poème en un chant.*

Delille venoit de terminer sa belle traduction du Paradis perdu, lorsqu'il composa cet ouvrage. On pourroit le considérer comme un complément ou une addition faite au poëme anglais, par celui à qui il appartenoit le mieux d'augmenter ou de compléter Milton.

En achevant sa traduction, Delille avoit exprimé le regret que le poëme anglais ne finît pas avec les adieux d'Adam et d'Ève au séjour dans lequel ils ont joui de la présence de Dieu et de tous ses bienfaits; il avoit dit en même temps que Milton a donné à Adam trop de rudesse et trop d'orgueil, tandis qu'il a paru peu touché des larmes et de la beauté de sa compagne. Dans le poëme qu'il a composé, le poëte français peint le caractère des deux époux, comme il le concevoit lui-même, et tel qu'il eût voulu le voir dans le poëme anglais. Chez lui, Ève est plus belle et plus touchante ; Adam l'aime davantage ; il ne la traite pas avec tant de dureté, et elle ne lui est pas moins soumise. Ces différences sembleroient puisées dans le caractère des deux nations, si elles ne l'étoient pas d'ailleurs également dans celui des deux poëtes.

5°. La Correspondance de Delille avec l'une des femmes les plus spirituelles de nos temps, la princesse Czartorinska, qui désiroit que ses magnifiques jardins tinssent une place dans le poëme de Delille.

6°. *Épître à deux enfants voyageurs.*

Pendant son séjour en Angleterre, Delille fut témoin de l'éducation que reçurent les fils de M. Antrobus; et il admira souvent leur zèle, leurs succès et surtout leur caractère de candeur et de docilité. Au moment de partir pour un long voyage, ces deux jeunes Anglais, pleins de respect pour notre poëte, vinrent lui demander des conseils et des instructions. Delille étoit alors malade ; ils attendirent son rétablissement, et ne voulurent pas s'éloigner sans qu'il leur eût dit lui-même sur quels objets ils devoient diriger leur attention, sans qu'il leur eût indiqué les écueils qu'ils devoient éviter : c'étoit à cela que se bornoient tous leurs vœux. Quelque dignes qu'ils fussent de l'intérêt du poëte, ces deux jeunes Élèves étoient loin de s'attendre à une plus grande faveur. Leur étonnement fut donc extrême lorsqu'ils apprirent que le poëte s'étoit occupé d'eux depuis plusieurs jours, et lorsqu'ils reçurent l'Épître où il avoit réuni tous les objets de leurs vœux. Delille a fait entrer dans ce cadre plusieurs tableaux extrêmement vrais des mœurs de tous les pays, des portraits ingénieux de divers voyageurs, et des peintures aussi neuves que piquantes de leurs travers et de leurs ridicules.

7°. *Ode* sur un Cèdre qui fut planté en

1806, à Clamart-sous-Meudon, dans le jardin de M. Micoud, lorsque Delille habitoit ce beau séjour, où tout concouroit à l'inspirer.

Ce fut là qu'il mit la dernière main à son poëme de l'Imagination, et ce fut aussi là qu'il en composa la Dédicace, ce morceau d'une sensibilité si profonde, où son cœur se montre d'une manière si touchante.

Aussi flattés qu'ils devoient l'être, de recevoir l'illustre poëte dans leur habitation, ses hôtes voulurent consacrer cet événement par quelque circonstance mémorable.

M<sup>me</sup>. Micoud, donnant elle-même à son jardin des soins particuliers, cultivoit surtout avec beaucoup de zèle quelques plantes rares, parmi lesquelles on remarquoit un jeune cèdre nouvellement apporté d'Asie. Quel arbre pouvoit être plus propre à témoigner, dans la postérité, que Delille avoit habité dans ces lieux ?

Il fut décidé qu'on planteroit le jeune cèdre solennellement, et que le poëte mettroit le premier la main à cette opération. Un grand nombre d'amis furent convoqués, et, au jour indiqué, Delille ouvrit la fosse où devoit être déposé l'arbre du Liban ; il couvrit lui-même de terre ses racines. C'est de toutes ces circonstances qu'il a composé l'Ode que nous publions aujourd'hui pour la première fois.

L'Allégorie qui se trouve à la suite de cette Ode, fut consacrée par le poëte à peindre les vertus de la même famille. Pour la faire comprendre, il suffit de dire que M$^{me}$. Micoud avoit un fils d'une grande espérance.

8°. *Nouvelle Épître sur le luxe.*

Cette seconde Épître sur un sujet que l'auteur avoit déjà traité en 1775, étoit composée depuis long-temps ; cependant elle n'avoit pas encore été publiée ; elle peut être considérée comme la suite de la première : les vers sont de la même mesure ; et, comme dans celle-là, le poëte attaque des vices qui n'existent plus à présent, tandis qu'il en passe sous silence beaucoup d'autres qui leur ont succédé ; enfin, on y voit dans chaque vers les opinions et les mœurs d'une époque que nous ne connoissons plus que par tradition.

Le dernier morceau de poésie qui se trouve dans ce Recueil d'OEuvres posthumes, est une épître que Delille adressa à Saintange, vers la fin de sa carrière, sur sa belle traduction des Métamorphoses.

Le volume est terminé par une table alphabétique des matières, qui complète notre Collection d'une manière extrêmement utile. Les œuvres d'aucun poète n'ont peut-être plus besoin d'une table que celles de Delille; il n'en est point qui ait fait plus de vers ; il n'en est point qui offre, dans ses compositions, un aussi grand nombre de peintures et de descriptions de tous les genres. Ces descriptions sont dans la mémoire de tout le monde, et à chaque instant on a besoin de les consulter et de les citer ; mais souvent on a oublié le chant et même le poëme auquel elles appartiennent.

Enfin, nous avons orné ce volume de deux gravures dont l'une représente le départ d'Éden, et l'autre le tombeau de Delille, tel qu'il a été construit dans le cimetière du Père Lachaise, par la piété conjugale, et tel que l'illustre poëte l'avoit lui-même ordonné dans sa dédicace du poëme de l'Imagination :

. . . . . Au bout de cette courte vie,
Ma plus chère espérance, et ma plus douce envie,
C'est de dormir au bord d'un clair ruisseau,
A l'ombre d'un vieux chêne ou d'un jeune arbrisseau :
Que ce lieu ne soit pas une profane enceinte ;
Que la religion y répande l'eau sainte,
Et que de notre foi le signe glorieux.......
. . . . . . . . . . . . . . . . . . .

On voit que tout ce qu'avoit prescrit le poëte a été religieusement exécuté par les soins de Madame Delille, qui, elle seule, a voulu faire tous les frais de ce monument. Le ruisseau est l'unique objet qui manque aux vœux du poëte, la nature du sol y a mis des obstacles insurmontables.

# DISCOURS

## SUR L'ÉDUCATION,

Prononcé à la distribution des prix du Collége d'Amiens, en 1766.

---

Jamais peut-être on n'a parlé si souvent sur l'éducation qu'on le fait aujourd'hui. Chaque jour voit éclore sur cette importante matière quelque nouveau paradoxe. Pour moi, au lieu d'imaginer un système sur ce sujet, je me contenterai de rappeler les anciens principes; au lieu d'inventer des erreurs nouvelles, je me bornerai à rappeler d'antiques vérités; et peut-être mon discours n'en paroîtra que plus nouveau. Je me propose donc de faire valoir les avantages d'une éducation mâle et solide, et les dangers d'une éducation superficielle et efféminée. Quel sujet pourrait mieux convenir, et aux auditeurs, je parle devant des pères et des mères de ce qui doit faire le bonheur de leurs enfants ; et à l'orateur, il est chargé par la confiance publique de ces gages précieux ; et au lieu de l'assemblée, je parle dans l'asile même de l'éducation ; et à la ville entière, elle est consacrée à l'utile profession du commerce ? Et quelle profession a plus besoin de cette éducation sévère, que celle qui est fondée sur une féconde économie, qui de tous temps a été l'amie de la simplicité des mœurs, et qui, en répandant le luxe dans les états, le redoute pour elle-même ?

Dans un sujet si noble, je n'aurais point eu recours à ces divisions, dont la symétrie puérile semble moins imaginée pour soulager l'esprit de ceux qui écoutent, que pour étayer la foiblesse de celui qui parle, si ce sujet même ne m'en eût fourni une toute naturelle ; mais puisque l'éducation a trois objets, le corps, l'esprit, le cœur, je suivrai ce partage nécessaire. Quelques personnes pourront trouver, dans les maximes de ce Discours, un excès de sévérité; mais à Dieu ne plaise que, pour éviter ce reproche, je manque à mon sujet. J'aime mieux m'entendre accuser d'avoir outré le vrai par zèle, que de m'entendre blâmer de l'avoir dissimulé par foiblesse. D'ailleurs, une réflexion me rassure ; c'est que la vérité, qui dans les cercles et les sociétés particulières paroît si timide, souvent même si déplacée, reprend tout son ascendant et toute son autorité lorsqu'elle trouve les hommes réunis dans une nombreuse et respectable assemblée. Que me reste-t-il donc à désirer, si ce n'est de pouvoir m'exprimer d'une manière digne et de mon sujet et de ceux qui m'entendent?

## PREMIÈRE PARTIE.

Le corps est l'esclave de l'âme ; mais pour rendre cet esclave plus utile, il faut le rendre robuste. Or, cette force de corps, je dis qu'elle ne peut être le fruit que d'une éducation mâle.

Loin des enfants d'abord tous nos mets raffinés, tous nos poisons agréables : l'enfance est l'âge favori de la Nature ; l'art ne viendra que trop tôt le corrompre. Qu'il donne au corps nouvellement formé le temps de se fortifier par l'usage salutaire des mets les plus simples, avant de l'énerver par la délicatesse recherchée de nos perfides aliments. Étudiez les premières sensations des enfans ; tout semble vous dire que ce vain raffinement du luxe n'est pas fait pour eux : leur appétit, toujours vif, n'a besoin d'être réveillé par aucun apprêt ; pour eux, à moins qu'on n'ait déjà pris soin de corrompre leur goût, les mets les plus naturels sont aussi les plus attrayants. Offrez-leur, d'un côté, les viandes les plus rares ; et, de l'autre, présentez-leur des fruits : vous devinez aisément leur choix ; et je suis bien trompé, si le verger d'un paysan ne les tente beaucoup plus que la table d'un Crésus. Donnez-leur donc une nourriture plus naturelle que délicate ; contentez leurs besoins, au lieu de flatter leur goût, et n'introduisez pas, dans leur sein, le germe de la mort dès les premiers instants de la vie.

Cette sage sévérité, il faut l'étendre à tout, à leur repos, à leurs exercices, à leurs vêtements. Croyez-vous, dites-moi, qu'il soit bien essentiel pour la santé d'un enfant de le retenir long-temps enfermé dans un lit, étouffé entre des rideaux, au lieu de lui laisser respirer l'air pur et rafraîchissant du matin? Croit-on qu'il soit nécessaire de l'ensevelir mollement dans la plume, et qu'il faille employer à énerver ses forces, un temps que la nature destine à les réparer? La mollesse ne produit que la mollesse. Eh! qu'ont besoin les enfants, eux que le sommeil vient trouver si facilement, de cette ressource faite pour un âge plus foible, ou peut-être plus dépravé? Voulez-vous leur procurer un sommeil profond? qu'ils l'appellent par l'exercice : une heure de mouvement leur vaudra huit heures de repos ; et la course la plus légère va changer pour eux le lit le plus dur en un duvet voluptueux. L'exercice! c'est le père de la santé; mais sur-tout il est fait pour l'enfance. Et pourquoi, sans cela, les enfants auraient-ils reçu cette inquiétude perpétuelle, cette haine pour le repos, cette ardeur pour le mouvement ? Sans doute, il ne faut pas les livrer sans précaution à cette impétuosité naturelle : je ne veux pas qu'ils jouent sur le bord d'un abyme ; mais que cette précaution ne soit pas excessive, de peur qu'elle ne soit funeste. Je souffre quand je vois des enfants tristement enchaînés au côté de leur mère, quand je vois ces Catons anticipés, ridiculement graves, regarder du coin de l'œil le volant ou la balle qui, si les regards maternels se détournent un instant, va bientôt déconcerter toute cette décence forcée. On appelle cela une sagesse précoce ; et moi, je le nomme une pédanterie ridicule. Eh ! pourquoi donc le Ciel vous donne-t-il des enfants ? est-ce pour en faire de jolies statues ? Ah ! rendez-leur la liberté ; réglez en eux la nature, au lieu de l'étouffer ! Ils sont faits pour courir, pour bondir, et non pour partager notre indolence et notre ennui. Leur teint, peut-être, sera moins blanc ; mais il aura la couleur vermeille de la santé. Leur chevelure sera moins artistement peignée ; mais leur tempérament sera inaltérable.

Nous sommes si jaloux de leur donner des grâces ! Mais puisque l'agrément est une chose si importante à nos yeux, qui ne voit combien cette éducation forte y contribue ? Les corps les plus exercés sont aussi les plus agiles. La véritable élégance des postures dépend de la fermeté du maintien, et j'aime mieux les attitudes mâles, la souplesse vigoureuse d'un corps formé par de fréquents exercices, que les articulations efféminées, les courbettes ridicules de ces machines appelées petits-maîtres, qui, si j'ose ainsi parler, se meuvent par ressorts et se disloquent pour plaire. Mais laissons-là les grâces et revenons à la santé. Combien d'ennemis conspirent contre elle ? Dès qu'un enfant voit le jour, voyez comment les saisons opposées se liguent en quelque sorte pour combattre sa foible existence ! L'une semble vouloir fondre ses membres ; l'autre semble vouloir les glacer. Comment sauver les enfants de ce double danger ? Est-ce en les y dérobant avec soin ? non : c'est en les y exposant avec prudence ? Que signifient tous ces vêtements dont vous les surchargez ? Ce ne sont pas des doubles tissus de laine qu'il faut opposer au froid, mais l'habitude de le braver. Pendant l'été, vous ne trouvez pas d'asile assez frais pour dérober vos enfants aux impressions de la chaleur; autrefois on ne trouvoit pas le soleil trop brûlant pour les y accoutumer : c'est à l'expérience à nous apprendre lequel de ces deux usages est le plus barbare.

L'enfance, dites-vous, est délicate! j'en conviens. Mais ne voyez-vous pas que si elle reçoit facilement les impressions extérieures, elle les endure de même? La flexibilité du premier âge est pour lui le don le plus heureux de la Nature, si nous savions en tirer parti. Le sort de votre enfant est entre vos mains : susceptible de toutes les formes que vous saurez lui donner, à moins que la Nature ne l'ait condamné en naissant, il dépend de vous de lui donner un corps robuste ou débile. d'en faire une femmelette timide ou un athlète vigoureux. N'oublions jamais qu'il s'agit moins de sauver à cet âge si tendre les incommodités de la vie, que de l'y aguerrir ; songeons que lui trop épargner la douleur pour le présent, c'est l'augmenter pour l'avenir, et qu'enfin c'est accroître sa délicatesse que la trop ménager. Cet arbre, exposé en pleine campagne aux injures de l'air, jette des racines profondes et lève un front inébranlable, tandis que, renfermé soigneusement dans nos serres artificiellement échauffées, le timide arbrisseau est flétri par un souffle.

Vous faut-il des exemples? Deux enfants ont sucé le même lait, la même nourrice les a portés dans ses bras. L'un, sorti de parents pauvres, né pour acheter par de rudes travaux le droit de vivre, reste dans les champs où il reçut le jour : là, sauvage élève de la Nature, nourri d'un pain grossier, courant à demi-nu, il semble avoir été jeté au hasard sur la terre. L'autre, né d'un père opulent, retourne à la ville, sous les lambris qui l'ont vu naître, où de nombreux domestiques s'empressent autour de lui, où la tendresse inquiète d'une mère vole au-devant de toutes ses fantaisies. Après quelques années, comparez-les tous deux : n'admirez-vous pas à combien peu de frais l'un est devenu sain et vigoureux, et combien il en a coûté pour rendre l'autre languissant et débile ? C'est la Nature qui venge ses droits outragés. Qu'avez-vous fait, pourroit dire à une mère cruellement complaisante, cette malheureuse victime ? Votre tendresse perfide m'a rendu importun à moi-même et inutile à ma patrie. Que m'importent vos misérables richesses ? Si je les conserve, compenseront-elles ma santé perdue ? Si je les perds, quelle sera ma ressource ? A ce prix, qu'avois-je besoin de la vie ? Ou reprenez ce funeste présent, ou rendez-moi mes bras ; rendez-moi ma santé, sans laquelle la vie n'est qu'un malheur. Cet habitant des champs est mille fois plus heureux ! La dureté de ses premières années lui a rendu la vie plus douce, et vous, vous avez multiplié pour moi l'inclémence des saisons ; vous m'avez rendu la chaleur plus ardente et le froid plus piquant. Quelle haine eût été pire que votre amour ?

Mais ce n'est pas seulement par les particuliers, c'est par les peuples entiers qu'on peut juger de l'influence d'une éducation mâle. Je ne parlerai point ici de ces Spartiates si fameux. Je n'ai garde de décrire la frugalité effrayante de leurs festins, les exercices incroyables de la jeunesse, la dureté des lois auxquelles on asservissoit l'enfance même; ces jeux surtout, ces jeux souvent sanglants, où, par une émulation qui autrefois paroissoit héroïque, qui même enfantoit des héros, les enfants se défioient à qui supporteroit sans sourciller les coups les plus violents, souvent même les plus meurtriers : je me garderai bien, dis-je, d'offrir un pareil tableau ; on ne me croiroit pas, ou l'on me regarderoit comme un barbare. J'aurois beau ajouter que ces hommes étoient au-dessus de l'humanité, qu'ils furent l'admiration de la Grèce, et la terreur des rois; qu'ils se croyoient plus heureux dans leur austérité, que les Asiatiques dans leur mollesse; tous ces prodiges, aussi incroyables pour nous que les mœurs qui les ont produits, ne me feroient pas pardonner une peinture si choquante pour nos mœurs, j'ai presque dit notre mollesse.

Cherchons donc ailleurs des exemples moins révoltants. Mes yeux rencontrent d'abord les

Romains. Si je les considère comme guerriers, sont-ce là des hommes ordinaires ? Chaque soldat portoit un fardeau qui écraseroit un homme de nos jours : sous cette charge prodigieuse, ils ne marchent pas, ils volent ; devant eux les montagnes semblent s'abaisser, et les fleuves tarir. Si je considère leurs monuments, je vois des chefs-d'œuvre qui, par leur grandeur autant que par leur beauté, paroissent surpasser la puissance humaine ; plusieurs même semblent, par leur inaltérable solidité, avoir vécu jusqu'à nos jours, comme pour attester la force des anciens, et nous reprocher notre foiblesse ! Quel secret avoit rendu ces hommes infatigables ? Allez l'apprendre dans le lieu consacré au Dieu de la guerre, théâtre des exercices de la jeunesse romaine ; voyez-vous ceux-ci lancer le disque, ceux-là s'exercer à une lutte pénible ; d'autres dompter un cheval fougueux, d'autres darder avec force un javelot pesant, puis tout couverts de sueur et de poussière, se jeter dans le Tibre, et le passer à la nage ? Cœurs maternels, ne vous effarouchez pas ! Je n'exige point de nos jours des exercices que nous sommes assez malheureux pour regarder comme des excès. Mais permettez-moi de gémir sur les progrès sensibles que fait parmi nous la mollesse. Je ne parle pas ici du luxe qui règne dans nos villes, où tant d'arts ingénieux à nous amollir, enlevant à la campagne une foule de bras, les occupent à multiplier les commodités de toute espèce qui, pour nous punir, se changent en nos besoins. La mollesse ( qui l'auroit cru? ) du sein de nos villes a passé jusque dans les camps. Ces tentes de Mars, où nos aïeux ne portoient que du fer et leur courage, sont étonnées de toutes ces superfluités dont regorgent nos palais. Voyez-vous ces chars brillants et commodes, qui se produisent sous mille formes nouvelles, pour promener notre indolence? C'étoit peu de traîner nos Crésus dans nos villes, ils conduisent nos guerriers aux combats. Je crois voir nos brillants militaires sourire dédaigneusement, lorsqu'ils lisent dans l'histoire que Louis XIV, ce roi dont les fêtes brillantes attiroient l'Europe entière dans sa Cour, aussi infatigable dans la guerre que magnifique dans la paix, fit à cheval la campagne de Hollande! Comment soutiendrions-nous les fatigues militaires de nos aïeux, nous qui pouvons à peine soutenir leurs délassements! A tous ces jeux où brilloient la force et l'adresse, ont succédé de tristes assemblées autour d'un tapis où l'ennui régneroit seul, si l'avarice n'y présidoit en secret. A peine les promenades sont-elles fréquentées ; et les hommes, partageant dans nos cercles oisifs la vie sédentaire d'un sexe auquel ils s'efforcent de ressembler, ont soin de s'étouffer dans de belles prisons : j'entends même dire qu'il est de mode, parmi les gens du bel air, de feindre une constitution foible, de *jouer le dépérissement*, et de regarder la santé comme un avantage ignoble qu'on abandonne au peuple. A quoi doit-on attribuer cette mollesse, si ce n'est à l'éducation? Si nous ne sommes pas hommes, c'est qu'on nous élève comme des femmes. Cependant, consolons-nous. Nos voitures nous dispensent d'avoir des pieds, nos valets d'avoir des bras ; et bientôt nos secrétaires nous exempteront d'avoir des lumières; car cette molle éducation ne se contente pas d'énerver le corps, elle effémine l'esprit. Voyons comment l'éducation opposée produit un effet contraire.

## DEUXIÈME PARTIE.

Quel est l'objet de l'éducation considérée par rapport à l'esprit ? C'est sans doute de rendre l'homme agréable et utile dans la société. Un homme qui ne seroit qu'agréable, existeroit inutilement pour ses concitoyens. Un homme qui ne seroit qu'utile, laisseroit desirer en lui cet agrément précieux qui embellit la société, et pour les autres et pour nous ; car, plus nous plaisons aux hommes, plus les hommes nous plaisent à nous-mêmes.

On sera sans doute étonné de m'entendre dire qu'une éducation mâle et solide peut faire un homme aimable. Nos modernes instituteurs, si brillants et si commodes, lui accorderont tout au plus le privilége de former un homme tristement utile, destiné à tracer pesamment, dans le champ de la société, quelques sillons laborieux, capable enfin d'y faire naître quelques fruits, mais jamais d'y faire éclore des fleurs. Pour dissiper ce préjugé, jetons d'abord les yeux sur l'éducation opposée. En voyant les défauts de l'une, peut-être sentira-t-on mieux le prix de l'autre. Après avoir donné aux enfants quelques notions superficielles de géographie et d'histoire, les avoir entretenus surtout de blason, d'armoiries et d'écussons ( comme s'ils ne pouvoient s'accoutumer de trop bonne heure à regarder comme importants les emblèmes de la vanité ), ne croyez pas qu'on s'occupe de former leur jugement, d'exercer leur raison; mais, ce qui est bien autrement essentiel dans un siècle où il est si commun de dire de jolies choses, et si rare d'en faire de belles, on s'attache très-sérieusement à former d'agréables causeurs : il faut qu'un cercle nombreux de personnes âgées, s'occupe gravement autour d'un enfant, non pas à l'instruire, mais à l'admirer; qu'on s'extasie sur la prétendue finesse de ses propos; qu'on se répète avec enthousiasme ses reparties puériles à des questions souvent plus puériles encore, qu'on en cite par d'imprudents éloges la hardiesse prématurée ; qu'enfin, on l'accoutume à ne rien penser, et à tout dire. Cependant, les pères enchantés, s'admirant eux-mêmes dans leurs enfants, font circuler dans la famille ces petits oracles, et l'on ne sait lequel est le plus ridicule ou du babil impertinent de l'enfant, ou de la stupide complaisance de ses admirateurs !

Qu'on s'étonne ensuite si de pareils élèves vont grossir la foule de ces jeunes présomptueux qui parlent toujours, et n'écoutent jamais ; pleins d'estime pour eux-mêmes, de mépris pour les vieillards, suppléant à l'instruction par la hardiesse, et à une lente expérience par une confiance audacieuse, et dont l'ignorance indocile ne mérite pas même qu'on l'éclaire !. Vos conseils viendront alors, mais trop tard : rendrez-vous dociles dans leur jeunesse ceux qui se faisoient écouter dans leur enfance ?

A ces poupées parlantes, comparez un jeune homme solidement instruit ( le beau monde diroit pédantesquement élevé ), moins fait à décider qu'à écouter, à parler qu'à réfléchir. Peut-être sera-t-il d'abord éclipsé par la frivolité charmante et par l'impertinence agréable de son concurrent; les femmes s'écrieront : *Qu'il est gauche!* Mais attendez : au milieu de ce silence modeste, qu'on appelle stupidité, mettant en usage cet esprit d'attention que lui ont donné de solides études; joignant à une connoissance anticipée des hommes qu'il a prise dans les livres, celle que lui procure l'usage; ayant presque deviné le monde avant que de le voir; rien ne se fait, rien ne se dit devant lui impunément, et qui ne paie, pour ainsi dire, le tribut à sa raison. Convaincu qu'il importe de ne pas déplaire aux hommes, il sera poli, non de cette politesse insipide, composée de compliments doucereux, et qui, prodigués indifféremment, feroient croire aux étrangers peu instruits de nos usages, que la société parmi nous n'est qu'un commerce d'ironies insultantes; mais de cette politesse raisonnée qui combine en un instant ce qu'exigent l'âge, le mérite, les circonstances, dont la sincérité fait le premier charme, et qui est cent fois plus flatteuse que la flatterie même. Insensiblement il se fait estimer; il ne plaît pas encore, mais déjà il intéresse; et si, au milieu des frivolités qui font la pâture ordinaire des conversations, il se glisse par hasard quelque sujet raisonnable, c'est alors que, par la solidité de ses principes, par la finesse de ses réflexions, par l'éloquence de son discours, il écrase, aux yeux même des hommes frivoles, la futilité de celui dont on admiroit il n'y a qu'un moment la brillante fatuité, et qui est étonné qu'on puisse plaire avec de la raison.

Mais c'est trop s'arrêter dans les cercles, le cabinet le rappelle. Si nos sociétés veulent des hommes agréables, la patrie veut des hommes utiles. Mères indulgentes, à quoi destinez-vous ces enfants auxquels vos timides précautions épargnent, je ne dis pas la moindre fatigue, mais même le moindre effort d'esprit? Au sortir de vos mains, il s'agit pour eux du choix important d'un état : alors ces malheureux, dont l'esprit énervé par l'inapplication ne se connoît que pour sentir sa faiblesse, promènent leurs yeux mal-assurés sur les différentes conditions qui partagent la vie. A l'aspect des travaux qu'elles exigent, les uns reculent de frayeur : déjà condamnés au néant par la mollesse de leur enfance, ils achèvent de s'anéantir par une inaction volontaire; et parce qu'ils ont perdu leurs premières années, ils perdent le reste de leur vie. De là cette foule de citoyens sans état, qui ne méritent ce beau nom de citoyens que parce qu'ils sont nés dans la patrie, et non parce qu'ils ont fait pour elle ; qui contemplent dans un lâche repos le mouvement général, profitent de la société sans lui payer de tribut, passent sur la terre sans y laisser de traces, et ne sont point regrettés lorsqu'ils cessent d'être, parce qu'on doute s'ils ont jamais été.

D'autres plus hardis, ou plutôt plus imprudents, se jettent au hasard dans un état. L'ambition, la vanité soutiennent quelque temps leur âme languissante ; mais bientôt, accablés d'un fardeau qu'ils devaient de bonne heure s'essayer à porter, à peine l'ont-ils soulevé un instant, qu'ils retombent dans l'inaction où ils furent nourris, et portant partout avec eux le contraste déshonorant d'une condition laborieuse et d'une vie désœuvrée, semblent ne conserver leur état que comme un accusateur muet de leur indolence : doublement méprisables, et par la témérité de l'avoir embrassé, et par la honte de ne pas le remplir.

Heureux au contraire celui qu'une éducation laborieuse a préparé de bonne heure aux fatigues de son état! tout entier à ses fonctions, on ne le voit point se reproduire dans tous les cercles, et fatiguer tout le monde de son inutilité. Ces sociétés où l'on s'assemble pour employer son temps, ou plutôt pour le perdre à frais communs dans le jeu ou la médisance, ne l'associent pas à leur oisiveté; mais son nom est cher aux bons citoyens; mais sa demeure est regardée comme un asile saint. Sort-il quelquefois de cette solitude consacrée par le travail? la considération due à ses services marche partout avec lui; les moments qu'il donne à ses amis leur sont d'autant plus chers qu'ils sont plus rares; et on lui pardonne d'autant plus volontiers cette noble avarice de son temps, qu'on ne peut jouir de lui qu'aux dépens de la patrie. Ah! c'est alors qu'on se félicite d'avoir reçu une éducation forte et sévère ; c'est alors qu'on se rappelle avec tendresse et les parents sages qui nous l'ont procurée, et les maîtres vigilants dont nous l'avons reçue !

Mais je veux que, malgré le désœuvrement des premières années, l'activité de l'ambition, l'impulsion de l'intérêt, le ressort de la vanité, puissent, dans un âge plus avancé, donner à l'esprit une secousse violente, et rompre l'habitude de l'inaction. En prenant le goût du travail, prendra-t-on aussi des lumières ? et les causes dont nous venons de parler, en supposant qu'elles aient pu d'un jeune indolent faire un homme laborieux, pourront-elles d'un jeune ignorant faire, par une inspiration soudaine, un homme éclairé, et produire deux prodiges à la fois ?

Représentez-vous un homme qui, peu fait à voyager, se trouve dans une vaste forêt : comment se tirer d'un lieu où tout est nouveau pour lui ? incertain, inquiet, apercevant mille routes différentes, embarrassé du choix, essayant mille sentiers, et ne trouvant pas une issue, il marche, il revient; chaque pas qu'il fait l'égare; il recule à mesure qu'il avance, et, bien loin de savoir comment sortir de ce lieu, à peine sait-il comment il y est entré ! Celui au contraire qui a de bonne heure appris à s'orienter, accoutumé à de justes combinaisons, s'échappe à travers les routes compliquées de ce labyrinthe, comme s'il en avoit cent fois parcouru les dehors. Telle est l'image naïve de la différence que mettent la bonne et la mauvaise éducation entre deux hommes dont l'un est imbu dès son enfance d'excellentes maximes de conduite, et, porté par une heureuse habitude à réfléchir, sait dans l'état qu'il a pris, sortir avec honneur des circonstances les plus épineuses, dont l'autre, ayant embrassé, au sortir d'une éducation frivole, un état qui demande des lumières, y porte l'indécision d'un esprit sans principe, et s'y trouve en quelque sorte égaré en entrant. Le public cependant qui le voit avec étonnement remplir un état, et qui n'a pas vu son apprentissage, qui le voit parvenu sans savoir comment il est arrivé, l'observe avec une curiosité maligne, et ce surveillant qui juge si sévèrement le mérite en place, bien plus impitoyable encore pour l'ignorance titrée, se venge, à la première faute, du peu de préparation qu'on apporte à la place, par le mépris de celui qui la remplit. Heureux encore, si au mépris ne se joint pas l'infortune! Malheur à quiconque attend pour apprendre ce temps où il faudroit avoir appris : si l'on s'instruit alors, c'est à l'école de l'adversité : c'est ainsi que l'éducation jamais ne perd ses droits; c'est ainsi que, si on l'exile de l'enfance, on la reçoit dans un âge avancé et mille fois plus douloureuse!

Mais si l'éducation négligée se fait sentir aux particuliers, l'état par un contre-coup funeste ne s'en ressentira-t-il point? Ceux qui ne sont pas bons pour eux-mêmes seront-ils bons pour la patrie? Ici permettez-moi de m'arrêter un instant, et de jeter les yeux autour de nous. Qu'est devenue cette moisson de grands hommes répandue dans tous les états qu'ils éclairoient par leurs lumières, qu'ils vivifioient par leurs travaux? L'église pleure encore ses Bossuet, ses Fléchier, ses Massillon; le barreau ses Patru, ses Lemaître, ses Cochin, ses d'Aguesseau; notre profession même (car pourquoi, n'en parlerois-je pas, puisque c'est elle qui donne des sujets aux autres?) pleure ses Rollin, ses Porée, ses Coffin. La nature, dit-on, se repose; disons plutôt que c'est nous qui sommeillons : non, les esprits ne sont pas encore stériles; c'est nous qui ne les cultivons plus : eh ! comment le champ de la république seroit-il encore fécond, lorsqu'on néglige l'éducation qui en est la pépinière ?

Je vois partout une jeunesse impatiente de jouir sans avoir travaillé; avide de recueillir sans avoir semé; ardente à bâtir sans avoir jeté de fondements, s'empresser de déshonorer des conditions auxquelles elle n'apporte que des études rapides, mais trop longues encore au gré de l'ambitieuse avarice des pères, et de la molle indolence des enfants ! ne croyez-vous pas voir ces arbres auxquels une chaleur factice fait porter des fruits avant la saison ? Ces fruits précoces sont amers : l'arbre épuisé dégénère, et paie une fécondité hâtive par une éternelle stérilité.

Si du moins cette éducation frivole avoit respecté cette partie des citoyens qui, par sa naissance, par ses richesses, est appelée aux grandes places! Mais que peut on augurer pour la patrie, lorsqu'on voit des adolescents mollement élevés, négligemment instruits, mettre toute leur science à bien conduire un char, tout leur mérite à nourrir une meute, et de cet apprentissage de la frivolité, apellés au timon des affaires, n'y apporter qu'un nom, et mendier les lumières des subalternes qu'ils devoient conduire ? Nous ne sommes plus, il est vrai, dans ces siècles de ténèbres, où les nobles, méprisant la science et jugeant au moins inutile à leurs enfants ce qu'ils auroient cru déshonorant pour eux mêmes, ne leur laissoient que leur épée, leur château, et leur ignorance. Mais l'éducation en devenant plus commune est-elle devenue plus utile? Qu'importe que nous ne soyons plus barbares, si nous sommes frivoles ? qu'importe à la patrie que ses défenseurs sachent accorder une guitare, s'ils ne savent pas ranger une armée en bataille? Oh, puisse enfin l'éducation ranimée dans la première classe des citoyens, relever, pour ainsi dire, les colonnes de l'état! que de là, descendant comme par degrés dans les conditions inférieures, elle fasse partout éclore des sujets laborieux et éclairés et mettre des hommes véritables à la place de ces *ébauches* informes, de ces vains fantômes de citoyens.

Mais cette éducation ferme et sévère, est non seulement la plus capable de former des sujets laborieux et éclairés, en exerçant l'esprit, elle est aussi la plus propre à former des sujets vertueux en formant le cœur; c'est ce qui me reste à envisager.

## TROISIÈME PARTIE.

C'est ici le moment véritablement intéressant de l'éducation. Notre élève a déjà, du côté du corps et de l'esprit, tout ce qu'il faut pour être utile. Cependant tremblons encore! c'est le cœur seul qui achève ou plutôt qui fait l'homme. C'est donc ici surtout, père tendre, qu'il faut bannir une molle indulgence, et cesser quelque temps d'être père ; ou plutôt c'est ici qu'il faut l'être plus que jamais.

Dans une éducation mâle et solide envisagée par rapport au cœur, on peut distinguer trois choses essentielles. D'abord une discipline sévère qui écarte loin des enfants la mollesse et la licence ; en second lieu des maximes solides qui leur inspirent un amour durable de la sagesse ; enfin des exemples vertueux qui leur offrent des modèles.

Et d'abord quand j'exige une discipline sévère, à dieu ne plaise que j'entende par là cette farouche austérité qui abrutit l'âme des enfants au lieu de la fortifier, et qui les rend stupides sans les rendre meilleurs ! à dieu ne plaise que je veuille attrister gratuitement l'âge heureux des ris ingénus, de la douce gaieté ; que par un zèle barbare, armant le sang contre le sang, j'aille glacer les tendres embrassements des pères et flétrir l'innocent bonheur des enfants ! C'est au contraire pour prolonger ce bonheur que j'ose recommander à leur égard une utile sévérité. En effet, qu'est-ce qui fait ici-bas le le bonheur? ce n'est pas une exemption entière des peines de la vie : quel homme oseroit y prétendre? Mais une âme forte exercée de bonne heure à les supporter. Que prétend donc faire de vos enfants cette tendresse inquiète qui semble vouloir les arracher à la condition humaine? Au premier souffle de l'adversité, que deviendront ces malheureuses victimes dont la foiblesse est l'ouvrage de la votre? Combien profondément pénétreront les traits de l'affliction dans des ames amollies dès l'enfance? est-ce en les promenant mollement sur les fleurs que vous leur apprendrez à fouler aux pieds les épines de la vie?

Un ennemi encore plus cruel de la paix de l'âme, ce sont les passions : c'étoit à l'éducation à nous donner des armes contre elles : mais c'est elle qui leur donne des armes contre nous. Eh! comment le feu de la volupté ne fondroit il pas des âmes déjà presque dissoutes par de vaines délices? Comment pourroient se défendre de l'orgueil ceux qui, dès qu'ils ont ouvert les yeux, ont vu une foule d'esclaves empressés autour d'eux, dont les maîtres mêmes sembloient payés plutôt pour les flatter que pour les instruire ? qu'il est à craindre qu'après avoir pu tout ce qu'ils vouloient, ils ne veulent pour leur malheur tout ce qu'ils ne peuvent point, et ne desirent pour le malheur des autres tout ce qu'ils ne doivent pas.

Car cette éducation efféminée n'anéantit pas seulement les qualités du sage, elle détruit celles du citoyen : en effet qu'elle est la première ? c'est le respect pour les lois. Or que peut produire cette enfance indisciplinée si ce n'est une haine orgueilleuse du joug le plus nécessaire ! obéit-on volontiers étant homme, lorsque dans l'âge de la dépendance on s'est fait obéir ? Lorsque vous entendez dire qu'un jeune homme s'est souillé par quelque grand crime, remontez jusqu'à ses premières années, et vous découvrirez que, dès ce temps même, jusques dans les jeux de l'enfance, se laissoient entrevoir ces penchants féroces qui depuis, accrus par la foiblesse des pères, et fortifiés dans l'âge des enfants, ont enfin déshonoré et ceux qui les ont soufferts et ceux qui les ont fait éclater ; aussi parmi le grand nombre de sages lois dont la France s'honore, aucune ne me paroît plus louable que celle qui, faisant rejaillir sur les parents l'opprobre des peines que les lois infligent aux coupables, force les pères de veiller sur les enfants par la crainte d'une ignominie utilement contagieuse !

Au respect pour les lois est essentiellement joint l'amour de la patrie.... l'amour de la patrie ! Il enfantait autrefois des prodiges ; il a produit les grands peuples et les grands hommes, mais ce nom qu'il suffisait autrefois de prononcer pour enflammer toute une nation, osons l'avouer, ne rencontre aujourd'hui que des cœurs glacés ; et froidement prononcé par quelque citoyens, il n'est presque répété par personne ! l'état entier ne devroit former qu'une vaste famille et chaque famille forme un petit état particulier : que la patrie chancelle, des hommes avides accourront en foule se disputer ses débris ; mais qui est-ce qui osera s'ensevelir sous ces ruines ?

Où chercher les causes de cette indifférence? et comment ne voit-on pas qu'une frivole éducation en est la première? Qu'est-ce que l'amour de son pays? c'est un sentiment héroïque qui nous arrache à nous mêmes pour nous enchaîner au bien public : mais ces sentiments énergiques les demanderez-vous à ces hommes énervés dès le berceau ? exigerez vous que pour l'amour de la patrie de jeunes Adonis aillent exposer à l'ardeur du soleil la fraîcheur de leur teint? accoutumés à reposer sur le duvet, pourront-ils se résoudre, pour l'amour de la patrie, à coucher sur la dure? enfin habitués à rechercher toutes les commodités de la vie, seront ils capables de l'amour de la patrie qui exige quelquefois le sacrifice de la vie même? Jugez-en par des exemples : à Sybaris, les enfants élevés au milieu des chants mélodieux et des fêtes voluptueuses, respiroient en naissant l'air du plaisir : à Lacédémone, la plus austère discipline présidoit à l'éducation d'une jeunesse laborieuse, qui apprenoit à braver la mort, dès qu'elle commençoit à jouir de la vie. Je vous laisse à penser quelle est celle de ces deux villes où les enfants expiroient avec plaisir pour la cause commune, et où les mères en remercioient les dieux ? Ah ! c'est que la mollesse des sens se communique à l'âme, c'est qu'en se rendant incapable de servir la patrie, on se rend bientôt incapable de l'aimer.

Mais je l'ai déjà dit, l'amour de son pays est un sentiment héroïque qui exige une âme forte. L'amour de l'humanité qui nous est si naturel, et qui n'exige qu'une âme sensible, ne sera-t-il pas plus respecté par cette molle éducation ? Je remarque au contraire que ces enfants si voluptueusement élevés, sont sans pitié, sans entrailles : eh ! comment plaindroient-ils des maux dont ils n'ont pas l'idée ? accoutumés à ne se repaître que d'idées agréables et de sensations délicieuses, leur imagination même se refuse autant que leur cœur aux misères d'autrui ; ou si elle excite en eux quelque sentiment, c'est plutôt celui du dégoût que de la pitié, et l'aspect de l'indigent force leurs superbes regards de se détourner sans forcer leurs avares mains à s'ouvrir.

Je ne parle pas des devoirs sacrés d'amis ou de parents : quel est celui qui les remplit dignement ? C'est celui qui les regarde moins comme des obligations pénibles que comme les plus nobles besoins de l'humanité. Mais pour penser ainsi, il faut des âmes saines et pures, que le goût frivole des amusements étrangers à la nature de l'homme n'ait point encore corrompues. Fermez donc à vos enfants par une éducation sagement sévère la route des faux plaisirs ; et comme l'âme a besoin d'aimer, leurs sentiments reflueront comme d'eux-mêmes vers les véritables voluptés. Si au contraire vous laissez entamer leur cœur par la licence d'une jeunesse négligée, c'en est fait ! n'espérez plus les trouver sensibles aux charmes de l'amitié et des attachements légitimes : épuisant dans de criminels plaisirs toute la sensibilité de leur âme, ils ne conserveront pour les plaisirs innocents qu'un cœur sec et aride ; pareils à ces fleuves qui, forcés par l'art de s'égarer dans des canaux détournés, laissent à sec le lit que leur avoit creusé la nature.

Ceux mêmes auxquels ils devroient être attachés par le plus grand de tous les bienfaits, par celui de la vie, pensent-ils par une indulgente facilité s'assurer leur reconnoissance? Vous vous étonnez quelque fois, pourrait-on leur dire, de voir vos caresses repoussées par l'ingrate insensibilité de vos enfants. Mais c'est à la fois l'effet naturel et le juste châtiment de votre aveugle complaisance pour eux : lors qu'instruits à n'aimer qu'eux mêmes, ils sont indifférents pour vous; lorsque portant dans leur sein le feu des passions, ils accusent en secret ceux qui l'ont nourri par leur foiblesse; lorsqu'accoutumés par vous à satisfaire tous leurs desirs, il vous regardent, dès que vous voulez vous y opposer, comme des surveillants importuns; lorsque de cet amour des plaisirs passant à celui des richesses qui les procurent, ils osent peut-être (je frémis de le dire) hâter par des vœux dénaturés la dépouille paternelle; qu'avez-vous à vous plaindre? le ciel n'est-il pas équitable en payant par la haine barbare des enfants, l'amour encore plus barbare des pères?

J'en pourrois dire autant de ces parents ambitieux qui ne voient dans leurs enfants que de vaines idoles qu'ils s'empressent de décorer pour se faire honorer en eux; n'aimant leurs enfants que pour eux-mêmes, qu'ils n'en attendent pas de retour. Agrippine, la plus ambitieuse des femmes, fut la mère de Néron le plus ingrat des fils.

La seconde partie d'une éducation forte et mâle, je l'ai fait consister dans des préceptes capables d'élever et d'agrandir l'âme. Mais cette partie elle-même ne s'est pas bien garantie de la contagion; et bien loin d'oser faire pratiquer aux enfants la vertu, à peine ose-t-on leur en parler. On les entretenoit autrefois de l'amour des lois et de l'état : aujourd'hui ils n'entendent parler que de la nécessité de parvenir, et des moyens de s'avancer. Mon fils, dit un père de nos jours, songez à votre fortune, apprenez à plaire pour réussir, et soyez agréable aux autres pour être utile à vous-même. Mes enfants, auroit dit au contraire quelqu'un de nos bons aïeux, vous avez un cœur, c'est pour aimer la patrie ; vous avez un bras, c'est pour la défendre; c'est pour elle que vous êtes nés ; osez vivre, osez mourir pour elle. Faut-il s'étonner, si des langages si différents produisent des effets si opposés ?

On a cru pendant long-temps qu'on ne pouvoit de trop bonne heure inspirer aux enfants des sentiments d'humanité pour les malheureux, de tendresse pour leurs proches, d'attachement pour leurs amis. Qu'a-t-on fait depuis ? on a substitué l'apparence à la réalité ; au lieu de nous apprendre à être bons, on nous instruit à être polis. C'est chez des maîtres de grâces qu'on apprend des leçons d'humanité ! dès l'enfance, cet âge heureux de la naïve franchise, on nous exerce à nous attrister de l'infortune d'autrui sans douleur, à nous réjouir de leur bonheur sans joie. Aussi que voit-on sortir de cette école de fausseté ? des manières obligeantes et des cœurs impitoyables. Généreuse amitié, qu'est devenu ton vertueux enthousiasme? Jamais on n'ouvrit avec plus d'empressement ses bras pour recevoir ses amis, et jamais on n'ouvrit plus lentement sa bourse pour les secourir. Les cris même du sang ont fait place aux beaux discours. Depuis qu'une éducation superficielle augmente le nombre des hommes polis, celui des enfants reconnoissants diminue : déjà même les noms de père, de fils, d'époux, sont proscrits, dit-on, par mille gens du bel air ; et ces titres précieux dont une raison plus éclairée devroit augmenter la sainteté parmi les grands, ne seront bientôt plus sacrés que pour l'aveugle instinct du peuple. Et voilà l'ouvrage de cette éducation qui met tout en de vains dehors.... Ah! ne valoit-il pas mieux nous inspirer des sentiments de bonté, que de nous instruire à les contre-faire, et former des hommes vraiment sensibles que d'exercer de méprisables pantomimes!

Mais comme les plus belles semences, si, lorsqu'on les a confiées à la terre, la rosée céleste ne vient hâter leur fécondité, demeurent infructueuses; ainsi les germes de vertu se sécheront dans ces jeunes âmes, si ce qu'a semé la sagesse humaine n'est fécondé par la religion; motif sublime! qui corrige la bassesse de nos affections en nous montrant la noblesse de notre origine; qui nous fait faire de grands efforts pour une grande récompense; et qui, pour en donner encore une plus haute idée, nous apprend à pardonner aux autres, et à nous humilier nous-mêmes !

Mais au lieu d'établir l'éducation sur ce fondement divin, sur quoi l'établit-on? sur la base fragile des bienséances humaines. On ne dit point aux enfants : *Soyez religieux*, mais on leur dit : *Soyez décent*. Pères imprudents! avec cette foible armure, voyons comment vos enfants soutiendront les assauts du vice! retenus d'abord par une hypocrite timidité, ils n'iront point braver par des désordres éclatants le public dont on leur apprit à redouter les regards; mais lorsqu'ils le pourront décemment, ils séduiront l'innocence; ils trahiront leur foi; et pareils à ces fruits qui, quoique gâtés au-dedans, vous séduisent encore par un brillant coloris, sous cette écorce de décence, ils cacheront un abyme de corruption; et ce masque même qui sert du moins à cacher la laideur du vice, ne croyez pas qu'ils le portent long-temps. A peine auront-ils connu les hommes, qu'ils aimeront mieux les imiter que les croire; ils ne conserveront pas même le mérite de l'hypocrisie ; ou s'ils respectent encore quelques bienséances, ce ne sera pas celles qui proscrivent les scandales du vice, mais celles qui attachent une honte malheureuse à remplir les devoirs les plus sacrés. Ils ne rougiront pas de trahir l'amitié, de violer la justice ; mais ils regarderont comme une chose ignoble de garder la foi conjugale, et de payer leurs dettes. Et c'est ainsi qu'en voulant leur apprendre à être vertueux par décence, vous ne leur apprendrez qu'à être vicieux par respect-humain. Instruisez-les donc à écouter le cri de la conscience plutôt que la voix des hommes ; à craindre les regards de l'être éternel plutôt que ceux du public ; et que les maximes les plus religieuses pénétrant dans leur âme encore tendre, leur donnent une forte et profonde teinture de la vertu, au lieu de cette couleur passagère d'honnêteté qui, bientôt emportée par le frottement continuel des vices, ne laisse enfin apercevoir que la difformité mal déguisée d'une âme corrompue.

Cependant, vous n'avez rien fait encore, si aux préceptes ne sont joints les exemples. Il fut un temps où, recommandée par l'innocence de nos pères, plutôt que par leurs discours, la vertu s'imitoit plutôt qu'elle ne s'enseignoit. Une vie occupée, des entretiens honnêtes, une table frugale, une maison modeste, parée non de peintures lascives, mais des images vénérables de nos ancêtres ; voilà les leçons palpables, pour ainsi dire, que recevoient les enfants ; et leurs premiers précepteurs étoient les exemples domestiques. Mais nous, assis à nos tables voluptueuses, comment oserons-nous leur parler de frugalité ? Est-ce au milieu de la licence de nos entretiens que nous saurons leur inspirer la pudeur ? Que dirai-je de ces parents indignes, qui, lorsqu'ils voient s'échapper du cœur de leurs enfants les premières saillies des passions naissantes, osent sourire à ces préludes du vice ? Ainsi, les premiers obstacles que rencontrent les enfants dans le chemin de la vertu, ce sont les exemples paternels. Obligés d'honorer leurs parents, bientôt ils les imitent, et la piété filiale, qui devroit être pour eux une vertu, n'est plus pour eux que la première amorce du vice. Comment peut-on oublier que rien n'est indifférent pour l'enfance ? Ne remarquez-vous pas quelquefois comment, à leurs jeux folâtres, succède tout-à-coup une attention morne, indice assuré de l'impression que font sur eux les objets d'autant plus frappants pour eux, qu'ils leur sont plus nouveaux ? Si leurs cœurs pouvoient s'ouvrir à nos yeux; si nous pouvions apercevoir comment un mot, un geste imprudent ont su y graver l'image du vice, avec quelle frayeur religieuse ne parlerions-nous pas, n'agirions-nous pas devant eux ? Eh quoi ! parce que cet effet est invisible, en est-il moins cruel ? Combien les anciens pensoient, ou du moins agissoient différemment ? Chez eux, la force des exemples épargnoit l'ennui des préceptes ; l'éducation étoit en quelque sorte une représentation continuelle. Les festins, les fêtes, les jeux, les assemblées, les cérémonies publiques, tout frappoit vivement l'imagination des enfants. Tout leur crioit : *Soyez vertueux*, et faisoit entrer la sagesse dans leur âme par tous les sens. Voulez-vous donc rendre vos enfants honnêtes ? que tout dans la maison respire l'honnêteté, que tout la peigne à leurs yeux, la fasse retentir à leurs oreilles ; et c'est ainsi que, de la sévérité, de la discipline, de la solidité des préceptes et de l'autorité des exemples, heureusement réunies, résultera cette éducation vigoureuse qui n'a jamais fleuri chez aucun peuple, qu'il n'ait été vertueux, et n'y a jamais dégénéré qu'il ne se soit corrompu. Si je voyois une nation autrefois estimée tomber dans l'avilissement, se refroidir pour la vertu, et s'enthousiasmer pour des bagatelles, applaudir l'amour de la patrie sur les théâtres, et le laisser s'éteindre au fond des cœurs ; si je voyois surtout dégénérer la noblesse, et le sang le plus pur de l'état s'altérer dans son cours ; si au lieu de ces guerriers, de ces sénateurs généreux et francs, je n'apercevois que des êtres bas dans leur fierté, insolents dans leur politesse ; si on me montroit le nom des illustres défenseurs de l'état, traîné dans la fange de la débauche par de lâches descendants, et les châteaux antiques qu'habitoient des héros, vendus pour enrichir des courtisanes, je gémirois sur le sort d'une telle nation, surtout si j'en étois citoyen ; mais en voyant la décadence de ses mœurs, je serois assuré de celle de son éducation. D'un autre côté, si je voulois prouver, par des exemples puisés dans l'histoire, le pouvoir de cette éducation ferme et solide, qui donne au corps, à l'esprit, à l'âme, toute leur énergie ; il n'est point de peuple, il n'est point d'état qui ne pût m'en fournir. Mais où puis-je en trouver de plus convenables que chez nos aïeux, et de plus brillants que sur le trône ? Vous relisez tous les jours, avec attendrissement, l'histoire de ce bon roi qui conquit son royaume pour le rendre heureux. Je n'ai pas besoin de vous dire que je parle de Henri IV ; et si je le nomme, c'est parce qu'on aime à le nommer. Or, qui d'entre nous, toutes les fois qu'il admire ses belles qualités, n'en retrouve la source dans l'éducation sévère qui le forma? Ce fut en

écoutant les maîtres les plus habiles qu'il acquit cette supériorité de bon sens, qui fait qu'on recueille avec plus de soin ses moindres paroles, qu'on ne conserve les ornements royaux des autres princes. Ce fut en gravissant parmi les rochers, avec les jeunes paysans du Béarn, en se nourrissant comme eux d'un pain grossier, en portant comme eux des vêtements vulgaires, qu'il acquit cette vigueur intrépide qui sembloit le multiplier et le reproduire au milieu de tant de siéges et de combats. Ce fut en vivant parmi les habitants de la campagne, en connaissant par ses yeux leur misère, qu'il apprit à y être sensible ; enfin, c'est parce qu'il avoit senti qu'il étoit homme avant que d'être roi, qu'étant roi, il se souvint qu'il étoit homme. Pourquoi faut-il qu'avant d'accomplir ses grands projets, la mort ?.....
Qu'ai-je dit, Messieurs ? Quel mot funeste viens-je de prononcer ? En rouvrant imprudemment une plaie ancienne, je rouvre une plaie encore sanglante ; et pouvois-je parler de la perte que fit la France dans la personne du grand Henri, sans rappeler celle qu'elle

vient de faire dans un de ses plus dignes descendants? La France le pleure encore, et moi je puis, sans sortir de mon sujet, lui payer un juste tribut d'éloges. Je puis dire qu'il fut, quoique prince, bon père, fils respectueux, époux fidèle, tendre ami ; qu'il acquit, en cultivant les arts, le droit de les protéger ; que, dans un siècle où la religion s'éteint dans les rangs les plus bas, il la conserva dans tout son éclat sur le trône ; pareil à ces hautes montagnes, qui, lorsque le soleil cesse de luire dans les vallons, en retiennent sur leurs cimes les rayons mourants ; qu'enfin, dès son enfance, il fut laborieux ; et que, s'il ne régna pas, il s'exerça toujours à régner. Puisse le ciel, pour nous dédommager de cette perte, conserver la vie de Louis-le-Bien-Aimé, et ajouter aux jours du père ce qu'il retranche à ceux du fils! Et n'oublions pas de remarquer ( car pourquoi priverois-je mon sujet d'une preuve si éclatante ? ) que ça été en fuyant, dès l'âge le plus tendre, la mollesse trop ordinaire sur le trône, en fortifiant son corps par ce noble amusement, qui fut de tout temps celui des héros, que Louis s'est acquis cette santé robuste, pour laquelle nous ne pouvons faire des vœux sans en faire pour notre bonheur.

Si des exemples brillants en laissoient desirer d'autres, il en est un que je n'irois pas chercher bien loin de nous. Je le trouverois dans ce digne prélat (1) qu'on aime et qu'on admire, qui étonne les plus mondains par sa gaîté, et les plus austères par sa pénitence ; qui, d'une main, distribue aux justes les trésors du ciel, et, de l'autre, prodigue aux pauvres les trésors de la terre. N'est-ce pas à la dureté de sa vie qu'il doit cette vigueur inaltérable, qui semble sans cesse se renouveler pour servir sa piété, et que sa piété, à son tour, semble ranimer sans cesse ? Oui, pour être assuré que sa jeunesse fut laborieuse, il suffit de voir combien sa vieillesse est robuste.

Voilà, chère jeunesse, les modèles que je dois et que vous devez vous-mêmes vous proposer. Vous faut-il de nouveaux motifs ?

---

(1) Feu M. d'Orléans de la Motte, évêque d'Amiens.

Voyez les pères de la Ville suspendre leurs fonctions pour vous honorer de leur présence, et oublier un instant la patrie pour ceux qui en sont l'espoir? J'ose vous attester devant eux, que nous nous efforçons de mériter la confiance dont ils nous honorent; que si vous quittez tous les jours pour nos écoles la maison paternelle, vous retrouvez dans vos maîtres toute la tendresse de vos pères ; que nous ne vous approchons jamais avec ce front sourcilleux, tant reproché à ceux qui enseignent ; et qu'enfin vous voyez en nous moins des maîtres que des amis. Mais si nous vous témoignons notre attachement par notre douceur et par notre zèle, témoignez-nous votre reconnoissance par vos travaux et par vos succès ; adoucissez le poids de nos fonctions pénibles par le délicieux plaisir de ne pas les voir infructueuses. Qu'un jour les maîtres, en voyant leurs élèves utiles à la patrie, puissent les reconnoître avec une noble vanité pour leurs disciples, et que les disciples, en recueillant les fruits d'une excellente éducation, puissent se rappeler avec une tendre reconnoissance le souvenir de leurs maîtres !

# LETTRE

A

## L'ABBÉ BARTHÉLEMY.

Si vous ne deviez pas, Monsieur, être dégoûté d'éloges, je vous dirois que votre ouvrage m'a paru effrayant d'érudition et de connoissances, comme il m'a paru enchanteur de style et d'exécution. Avant vous on n'avoit jamais imaginé qu'aucun ouvrage pût dispenser de lire Platon, Xénophon, tous les historiens et tous les philosophes de la Grèce. Votre ouvrage, le plus beau résultat des plus profondes lectures, tient lieu de tout cela. Et un littérateur peu fortuné avoit raison de dire que votre livre est une véritable économie. Il étoit impossible de faire de toutes ces idées et de toutes ces pensées une masse plus brillante et plus solide, et votre ouvrage m'a rappelé ce métal de Corinthe, composé de tous les métaux, et plus précieux qu'eux tous. C'est le génie qui a fondu tout cela.

Ces Grecs, qui savent à peine s'ils ont eu des aïeux illustres, seroient un peu étonnés si on leur disoit qu'un étranger a passé trente ans de sa vie à faire leur intéressante généalogie, et a découvert les titres de leur gloire nationale.

On ne peut rien ajouter au charme de vos descriptions. Le plus grand poète de la Grèce, cet homme dont vous avez si dignement parlé, passoit pour le premier de ses historiens, et son nouvel historien auroit, comme Platon, passé pour un de ses plus grands poètes, si une action dramatique, des caractères bien soutenus, des images brillantes, sont de la poésie.

Les villes de la Grèce regardoient comme un titre de gloire d'être nommées dans les poèmes de celui dont elles se disputoient le berceau. Jugez, Monsieur, si moi, qui occupe dans l'empire des lettres un si petit coin, je dois être fier de trouver mon nom dans votre magnifique ouvrage. Il est intéressant pour toutes les classes de lecteurs; mais il acquiert un nouveau dégré d'intérêt pour ceux qui ont vu les scènes des grands événements que vous décrivez. Vous avez vu les lieux mêmes aussi bien que les voyageurs les plus attentifs. En revenant d'Athènes, je m'étois flatté un moment d'être consulté par vous; je fus agréablement surpris d'être instruit par vous-même de tout ce que j'avois vu. On dit que l'académie d'Athènes va être associée à celle de Paris; je rends grâces à celui par qui va s'opérer cette confraternité : il sait combien je me tiendrai honoré de la sienne, et l'inviolable attachement que je lui ai voué.

# ODE

## A M. MOLÉ,

Premier Président, sur la naissance d'un Fils
(6 mars 1760.)

---

Précipite, grand Dieu, dans la nuit éternelle,
Du superbe Oppresseur la race criminelle;
Ensevelis son nom dans l'oubli du tombeau;
Et que de ses palais l'édifice fragile,
     Brisé comme l'argile,
De ses derniers enfants écrase le berceau.

  Mais conserve, ô mon Dieu, sous ton aile puissante,
Des humains bienfaisants la race florissante;
Qu'ils étendent au loin leurs rejetons nombreux;
Que des fruits immortels de leur tige féconde,
     Ils nourrissent le monde,
Et couvrent l'Orphelin de leurs rameaux heureux.

## ODE.

Famille de Molé, triomphez d'âge en âge;
Bravez, bravez des ans l'injurieux outrage;
Que la gloire vous porte à l'immortalité.
Ombres des demi-dieux, puissent nos chants profanes,
    Sans offenser vos mânes,
Se mêler aux accents de la postérité.

Des siècles et des temps je franchis la barrière;
De vos pas lumineux, empreints dans la carrière,
Jusqu'à votre berceau la trace m'a conduit :
Tel un astre, élancé de la céleste voûte,
    Vole et marque sa route
Par les sillons de feu qui brillent dans la nuit.

Quel est ce Magistrat (1), dont le mâle courage,
Tranquille, inébranlable au milieu de l'orage,
Affronte la fureur d'un peuple impétueux ?
Je le vois, au milieu du trouble et des alarmes,
    Des flambeaux et des armes,
Arrêter d'un regard ces flots tumultueux.

(1) Mathieu Molé, Procureur-Général en 1614, premier Président le 19 novembre 1641, Garde-des-Sceaux le 3 avril 1651, mort le 3 janvier 1656.

# ODE.

Ainsi de l'Eternel, la sagesse profonde
Choisit dans ses trésors, pour les besoins du monde,
Ces Héros destinés aux siècles malheureux ;
Et parmi les débris des Trônes qui succombent,
   Des Empires qui tombent,
Commande à l'Univers de s'appuyer sur eux.

O jours infortunés ! Temps affreux ! Temps barbares !
Les peuples s'égorgeoient pour des monstres avares ;
La Licence émoussoit le fer sacré des lois :
Et, d'un glaive perfide armant sa main sanglante
   La Discorde insolente
Livroit à des Tyrans la couronne des Rois.

France, tu ne crains plus ces tempêtes cruelles ;
Ils ne sont plus, ces temps où tes enfants rebelles
De leurs cruelles mains te déchiroient le flanc.
Le Français, plus heureux que ses tristes ancêtres,
   S'immole pour ses maîtres,
Et contre ses rivaux va prodiguer son sang.

Mais, dans ces jours brillants, dans ces jours de ta gloire,
De tes anciens appuis tu chéris la mémoire ;
Les Molé pour jamais sont gravés dans ton cœur ;

Tu vois avec transport l'héritier magnanime,
>De leur vertu sublime,
Dans le Temple des Lois veiller à ton bonheur.

Hélas! de ce grand nom c'est l'unique espérance!
Périra-t-il, grand Dieu, ce nom cher à la France?
Nous laisses-tu jouir de ses derniers bienfaits?
Et verrons-nous tarir, dans son antique source,
>Ce fleuve dont la course
Répandoit parmi nous l'abondance et la paix.

Ces Héros, descendus dans les Royaumes sombres,
Se cachent de douleur dans la foule des Ombres;
L'Orphelin consterné gémit sur leur tombeau,
Et craint que de la mort l'haleine dévorante,
>De leur race expirante
N'éteigne pour jamais le glorieux flambeau.

O nuit! dissipe-toi; le jour est près d'éclore;
D'un demi-dieu naissant je vois briller l'aurore;
De l'éclat de son front le Ciel s'est embelli;
Cet auguste palais, arrosé de nos larmes,
>A repris tous ses charmes,
Et ses marbres fameux de joie ont tressailli.

# ODE.

Noble fils des Héros, douce et frêle espérance,
Si le sort, loin de nous, eût placé ta naissance
Dans ces temps fabuleux, la honte des humains,
Des Prêtres, entourés de victimes sanglantes,
     Dans leurs veines fumantes
Auroient interrogé les décrets des Destins.

De tes jours fortunés annonçant les miracles,
La Sibylle du Tibre eût rendu ses oracles;
La Perse eût assemblé tous ses Mages fameux;
L'Elide eût fait parler de ses forêts antiques
     Les chênes prophétiques;
Et pour toi Babylone eût consulté les Cieux.

Moi, j'aurais de ton nom consulté le présage;
Du bonheur des Français ce nom seul est le gage;
L'Héritier de Molé doit au Monde un Héros:
Déjà je vois Thémis qui, pleurant d'allégresse,
     Dans ses bras te caresse,
Te sourit tendrement, et te parle en ces mots:

« Rejeton précieux d'une tige adorée,
» Le Ciel enfin t'accorde à Thémis éplorée;
» Ma bouche te promet le destin le plus beau;

## ODE.

» Souviens-toi seulement qu'au jour de ta naissance
  » J'ai reçu ton enfance,
» Que mon temple sacré t'a servi de berceau.

» Ah ! sans doute le Dieu qui préside à la guerre,
» Jaloux de mon bonheur et du bien de la terre,
» Osera t'inviter à marcher sur ses pas :
» Sans doute il t'offrira l'éclat de la Victoire,
  » Les palmes de la Gloire ;
» Mais qu'il n'espère point t'arracher de mes bras.

» Que ses barbares mains, en ravages fécondes
» Des fleuves de l'Europe ensanglantant les ondes,
» Changent les beaux climats en de vastes déserts ;
» Sous son sceptre d'airain que les Arts se flétrissent;
  » Que les peuples gémissent;
» Avec moi, cher enfant, rends heureux l'Univers.

» Déjà le crime tremble, et le faible Pupille
» Contre l'Usurpateur te demande un asile ;
» Entends ces cris de joie élancés vers les Cieux;
» Et de l'astre du jour si ta tendre paupière
  » Peut souffrir la lumière,
» Contemple ce Palais où régnaient tes aïeux.

» C'est-là qu'ils protégeaient la timide innocence ;
» Là, l'auteur de tes jours enchaîne la licence ;
» Tu baiseras ces mains qui domptent l'oppresseur ;
» Dans ses embrassements tu puiseras la flamme
            » Qui brûle dans son ame,
» Et son cœur tout entier passera dans ton cœur.

» Et toi, pour cet Enfant épurant ta lumière,
» Soleil, va préparer son illustre carrière ;
» Ouvre pour lui du Temps le palais immortel ?
» Choisis tes jours d'azur dans ces riches demeures ;
            » Que la troupe des Heures
» Se rassemble en riant sur ton char éternel.

» Que l'innocent Plaisir sur leur front se déploie ;
» Que leurs yeux, embellis des rayons de la joie,
» Ecartent pour jamais le chagrin ténébreux ;
» Viens, descends, ô Bonheur, sur leurs brillantes ailes ;
            » Et que leurs mains fidèles
» Forment des plus beaux ans l'enchaînement heureux. »

Je vous apporte ici ses ordres absolus
Ces jardins fortunés ne vous reverront plus.

Vaudechamp inv.t                    Delvaux f.t

# LE DÉPART D'ÉDEN,

## POËME.

Un soir, dans son berceau, le couple infortuné,
Pressé par ses remords, par le ciel condamné,
Ensemble nourrissant sa douleur recueillie,
Abandonnoit son ame à la mélancolie;
Et tous deux dans un triste et long embrassement
Suspendoient de leurs cœurs le tendre épanchement.

Adam rompt le premier ce lugubre silence :
O fille du Seigneur, rappelle ta constance,
Dit-il ; notre malheur en a besoin. Tu vois
Quel deuil remplit ces lieux, si riants autrefois.

La nature est blessée : et notre vaste enceinte
De cette grande plaie offre par-tout l'empreinte.
Nos ruisseaux sont taris, nos arbres dépouillés;
Du crime paternel nos neveux sont souillés;
Sur eux notre malheur tout entier se déploie;
Et Satan s'est promis une éternelle proie.
Contre tant de revers nous avons notre amour;
Moins doux brille au couchant le reste d'un beau jour:
Mais, seuls, à tant de maux nous ne pouvons suffire.
Le vrai consolateur, c'est le Dieu qui m'inspire.
Eh bien! présentons-lui les larmes du malheur;
D'un cœur humilié Dieu chérit la douleur;
Elle adoucit ses coups, conjure sa menace,
L'implore ou le bénit, rend ou demande grace;
Et le courroux divin, content du repentir,
Remet dans le carquois le trait prêt à partir.
Mais à ses pleurs touchants, à ses saintes délices,
Tous les lieux ne sont pas également propices;
Il en est d'où nos cœurs sur des ailes de feu
S'élancent avec force et s'élèvent à Dieu.

## LE DÉPART D'ÉDEN.

D'autres, de la ferveur amortissant la flamme,
N'ont rien qui plaise au ciel, rien qui parle à notre ame.
Vois-tu ce mont sacré qui du riant Éden
D'un front majestueux couronne le jardin?
Dans ce fertile enclos, privé de sa parure,
Lui seul a de ses bois conservé la verdure.
Chaque fois qu'au Très-Haut j'y vins offrir mes vœux,
Ses bénédictions descendirent des cieux;
Ou quelque ange du ciel nous porta les promesses,
Ou la terre pour nous redoubla ses largesses.
En des temps plus heureux, Dieu même, quelquefois,
Écouta sur ce mont nos innocentes voix,
Et, quand nos saints concerts célébroient ses louanges,
Oublia, pour nos chants, les cantiques des anges.
Là, j'espère aujourd'hui (partage mon espoir)
De ce maître irrité désarmer le pouvoir.

Eh bien! dit Ève, allons : par-tout où la prière
Peut adoucir pour toi la céleste colère,
Je te suis. À ces mots, tous deux se sont levés,

# LE DÉPART D'ÉDEN.

Et sur le mont divin sont bientôt arrivés.
La voilà, dit Adam, cette montagne sainte
Dont notre repentir consacrera l'enceinte!
Là, Dieu nous fut propice, ô ma chère moitié!
C'est toi qui dois d'abord implorer sa pitié;
Ta douleur de ses mains fera tomber les armes.
Eh! qui l'attendrira, s'il résiste à tes larmes!

Ève obéit; trois fois elle prie, et trois fois
Ses sanglots redoublés ont étouffé sa voix.
Alors à son époux, tremblante, elle s'adresse:
Objet de ma douleur! objet de ma tendresse!
Mon crime est trop affreux pour le justifier.
Hélas! je dois gémir, et je n'ose prier;
Et sur le Dieu vengeur que pourroit ma prière?
C'est moi qui l'offensai, qui péchai la première.
Ta malheureuse épouse est odieuse au ciel,
Cher Adam; c'est à toi de fléchir l'Éternel.
Mes vœux s'épureront en passant par ta bouche.
Que de nos cœurs soumis le repentir le touche.

# LE DÉPART D'ÉDEN.

Moins coupable à ses yeux, attendris-le pour toi;
Si ton amitié l'ose, implore-le pour moi.
Ai-je par mon orgueil attiré sa vengeance?
Mon cœur avec Satan fut-il d'intelligence?
Non; du fruit dont sa ruse exalta les effets
Je voulus avec toi partager les bienfaits.
Par lui, s'il se pouvoit, dans ma tendresse extrême,
Je voulus ajouter aux bontés de Dieu même.
Ce Dieu, qui me punit, m'ordonna de t'aimer;
Du feu qu'il alluma mon cœur dut s'enflammer;
Et ne devois-je rien à l'époux magnanime
Qui plaint mon infortune et me suit dans l'abyme?
Pouvois-je trop payer ton amour et ta foi?
L'objet de mon hommage après Dieu, ce fut toi.
Eh bien! j'espère encor; dans sa bonté féconde,
L'Éternel pour lui seul n'a pas formé le monde;
En achevant la terre, il a fini par nous.
Tu naquis pour ta femme, et moi pour mon époux.
Et que me font, sans toi, le monde et ses merveilles,
Des couleurs pour mes yeux, des sons pour mes oreille

Dieu prévit que toi seul pouvois remplir mon cœur;
En nous donnant la vie, il nous doit le bonheur.
J'espère encore en lui : charmé de son ouvrage,
Lui-même dans tes traits imprima son image.
Voudroit-il l'effacer? Non, perfide Satan!
Il ne veut pas deux fois abandonner Adam.
Lui-même il a maudit ta coupable victoire,
Et sur nos fronts encor fera briller sa gloire.
Je crois à sa pitié, bien plus qu'à son courroux;
Notre foiblesse même aura plaidé pour nous.
L'archange criminel avoit brisé sa chaîne;
Instruit de notre amour, il en arma sa haine.
Par lui le fruit mortel en mes mains fut remis,
Et nous souffrons d'un mal que Dieu même a permis.
Mais peut-être ma plainte irrite sa colère!
Tu m'aimes; je n'ai plus de reproche à lui faire.
Je ne puis que bénir le pouvoir qui t'a fait;
Que dis-je? ses rigueurs sont peut-être un bienfait.
Jusque dans sa justice adorons sa clémence;
Nos maux seront bornés, et sa grace est immense.

Pleure donc, gémis donc : ton Dieu t'écoutera ;
Tes cris iront au ciel, et mon cœur les suivra.

Tandis qu'elle parloit, dans la céleste voûte
De longs sillons de flamme illuminant sa route,
Un ministre du ciel, sur un char lumineux
Descendant lentement, sembloit venir vers eux :
Regarde, cher Adam, dit l'épouse craintive ;
Vers nous, du haut des cieux, un messager arrive ;
D'un air mêlé de grace et de sévérité,
Sur un nuage d'or, tout brillant de clarté,
Il vient. Nous sera-t-il ou fatal ou prospère ?
Faut-il trembler encore ? ou faut-il que j'espère ?
Je ne sais ; mais mon cœur me dit que, dans ce jour,
Cet ange va de nous disposer sans retour.
Avant qu'il ait de Dieu prononcé la sentence,
Hâte-toi, cher époux, d'invoquer sa clémence.
Peut-être nos remords, portés vers le saint lieu,
Sont, avec nos soupirs, arrivés jusqu'à Dieu.
Doux comme son souris, prompt comme son tonnerre,

Le pardon peut du ciel descendre sur la terre.
Tu me l'as dit cent fois ; pour fléchir sa rigueur
Il ne faut qu'un moment, qu'une larme du cœur.
Oui, mon ame à l'espoir se livre tout entière.
Il en est temps encor ; commence ta prière.

Son époux s'agenouille, et des sons gémissants
A l'oreille de Dieu vont porter ces accents :

Seigneur, je suis coupable, hélas! et ta puissance
Devoit mieux espérer de ma reconnoissance.
C'est par toi que je vis la lumière des cieux ;
Toi-même ornas pour moi ces champs délicieux ;
Je vivois seul alors ; et dans ma solitude
Ève vint de mon cœur calmer l'inquiétude.
L'un pour l'autre tous deux nous étions l'univers ;
Tes bienfaits partagés nous en étoient plus chers.
Pour celle qui charmoit mon séjour solitaire
Je devois, m'as-tu dit, me montrer plus sévère ;
Je l'adorois, sans doute, et dans elle mes yeux

Croyoient en la voyant voir un rayon des cieux.
Pour elle mes remords accusent ma foiblesse;
Mais c'est toi qui formas sa grace enchanteresse.
J'ai perdu, pour lui plaire, et le monde et mes fils.
Eh! comment résister à celle que tu fis?
Dans l'œuvre de tes mains je t'aurois fait outrage;
J'aurois calomnié ton plus parfait ouvrage.
Que dis-je? mon malheur vient tout entier de moi;
Devois-je à sa beauté sacrifier ta loi?
C'est à toi qu'elle dut sa grace inexprimable;
Et plus tu la fis belle, et plus je fus coupable.
Je le suis; mais mon crime adresse à ton pouvoir
La voix du repentir, et non du désespoir.
Au bout de l'univers ton foudre peut m'atteindre;
Le péché l'alluma, le remords doit l'éteindre.
Que ton oreille s'ouvre aux cris de nos douleurs!
Tu nous laissas l'espoir en nous laissant les pleurs.
Abandonné par toi, c'est en toi que j'espère.
Permets qu'un fils ingrat tombe aux pieds de son père.
Dieu puissant, j'entendis ta foudroyante voix

Éclater sur les monts et gronder dans les bois.
J'entendis dans les airs, noircis par les orages,
Ton tonnerre à grand bruit déchirer les nuages;
J'entendis, par ton souffle avec force poussés,
Rouler, gros de débris, les torrents courroucés;
Mais ces foudres brûlants qui tonnent sur nos têtes,
Le fracas des torrents et le cri des tempêtes,
O mon Dieu! valent-ils, pour proclamer ton nom,
L'accent de la prière et la voix du pardon?

Si je ne puis pour moi désarmer ta justice,
Que sur moi seul au moins ton bras s'appesantisse!
Lorsqu'elle osa toucher à l'arbre du savoir,
Ève espéroit connoître encor mieux ton pouvoir;
Et plus digne de moi, du ciel et de toi-même,
Entrer dans les secrets de ta bonté suprême;
C'est moi qui la perdis. Au moment du danger
Mon amour vigilant devoit la protéger.
Tu m'avois confié sa fragile innocence;
Son bonheur fut détruit par un moment d'absence.

# LE DÉPART D'ÉDEN.

N'abandonne donc pas à toute ta rigueur
L'épouse que ta main choisit près de mon cœur.
Je dévoue à tes traits ma tête criminelle;
Mais tu me punis trop en te vengeant sur elle.
La voilà devant toi, redoutant tes regards,
Les yeux noyés de pleurs, et les cheveux épars.
Je ne demande plus cette beauté divine
Qui révéloit aux yeux sa céleste origine,
Et, lorsqu'ils descendoient dans ces terrestres lieux,
Rappeloit leur patrie aux envoyés des cieux.
Mais tends à ses remords ta main compatissante;
Pour être heureuse encor, qu'elle soit innocente;
Dans les larmes d'Adam lave son déshonneur;
Reprends-lui ses attraits, et rends-lui le bonheur.
Dans quelque horrible lieu que ta rigueur nous jette
Qu'elle soit ma compagne, et sur-tout ta sujette.
Le malheur nous unit; ah! jusques au trépas
Que j'allège ses maux et conduise ses pas.
Si ma main quelquefois peut essuyer ses larmes,
Le plus affreux désert aura pour moi des charmes.

Dans ce cruel exil, qu'en tremblant je prévoi,
Nos repentirs unis s'élèveront vers toi.
Par-tout où, rappelant ce séjour de délices,
Quelques fleurs à nos yeux ouvriront leurs calices,
Tous deux sur un autel, élevé par nos mains,
Nous en ferons hommage au maître des humains.
Si pourtant nous pouvions sous nos riants ombrages
Cueillir encor nos fruits et bénir tes ouvrages !
Là, nous fûmes heureux ! là, docile à tes lois,
Mon Ève m'apparut pour la première fois.
Non, je n'espère plus, parmi les chœurs des anges
Savourant l'ambrosie et chantant tes louánges,
Partager ton bonheur et ta gloire avec eux;
Que je sois auprès d'Ève, et je suis dans les cieux !

Ainsi parloit Adam, et la sainte milice,
Du char qui dans les airs légèrement se glisse,
S'abat sur la montagne; à leur tête est Michel,
Qui vient bannir d'Éden le couple criminel.

# LE DÉPART D'ÉDEN.

Cessez de vous flatter d'une espérance vaine,
Leur dit-il ; du péché vous porterez la peine.
Le cri de vos remords, vos prières, vos vœux,
Ont frappé mon oreille en montant vers les cieux ;
Mais il n'en est plus temps : l'homme plein de foiblesse,
Borné dans son pouvoir, borné dans sa sagesse,
Est dans ses volontés sujet au repentir.
Dieu, qui ne peut errer, ne peut se démentir :
Sa divinité même et sa sublime essence
Mettent une limite à sa toute puissance ;
Il ne peut de ses droits accorder l'abandon.
Sa grandeur à lui seul interdit le pardon,
Et sa longue indulgence, en reprenant la foudre,
Par des coups éclatants a besoin de s'absoudre.
Aussi, comme l'éclair échappé de ses mains,
L'irrévocable arrêt du maître des humains,
Au but marqué d'en haut par son œil redoutable,
Porte de son courroux le trait inévitable.
Nul secret ne se cache au Dieu de vérité ;
Nul attentat n'échappe à sa sévérité.

Venez donc, suivez-moi. Pour expier vos crimes,
Dieu se doit vos malheurs, il se doit des victimes.
Un jour, un jour viendra qu'un grand médiateur
Désarmera pour vous l'ange exterminateur.
Jusque-là vous devez, par un châtiment juste,
Satisfaire, en souffrant, à ce monarque auguste.
Je vous apporte ici ses ordres absolus.
Ces jardins fortunés ne vous reverront plus.
Il les avoit parés pour un couple fidèle :
Cette terre aujourd'hui vous rejette loin d'elle.
Je plains votre infortune ; et même dans les cieux
Des pleurs, en l'apprenant, ont coulé de mes yeux ;
Mais vous êtes jugés, et vos plaintes sont vaines.

Le sang d'Ève à ces mots se glace dans ses veines.
Cependant, au milieu du bataillon sacré,
Soumise, mais pensive, et le cœur déchiré,
Elle foule en passant les plantes défleuries,
Les arbrisseaux mourants, et les roses flétries.
À travers ces débris, sur ses pieds chancelants,

## LE DÉPART D'ÉDEN.

Entre Adam et Michel elle avance à pas lents.
La nature par-tout sembloit déshonorée.
Seule, moins languissante et moins décolorée,
Une rose restoit ; mais ses jeunes boutons
Paroissoient à regret déployer leurs festons.
D'Ève, à travers ses pleurs, les yeux l'ont aperçue ;
Sur son frêle calice elle arrête sa vue :
Fleur charmante, dit-elle, entre toutes les fleurs,
Toi dont avec plaisir je cultivois les sœurs,
Toi dont je parfumois ma couche nuptiale,
Avant que de mourir sur ta tige natale,
Sur tes rameaux souffrants laisse-moi te saisir ;
C'est leur dernier tribut, et mon dernier plaisir.
Comme toi, je parois cette enceinte chérie ;
Hélas ! et comme toi le péché m'a flétrie.
Elle dit, la détache, et, suivant son chemin,
À l'envoyé céleste abandonne sa main.

En parcourant ces lieux, autrefois pleins de graces,
Par-tout du châtiment elle aperçoit les traces.

Son œil rencontre enfin le berceau nuptial,
D'où quelques fleurs pendoient sur le lit conjugal.
Son cœur à ces débris trouve encore des charmes :
Berceau chéri, dit-elle en le baignant de larmes,
Toi qui vis mon bonheur, connois mon désespoir !
Ah ! s'il faut te quitter, falloit-il te revoir !
Adieu, séjour de paix, d'amour et de délices !
Ici mes souvenirs sont autant de supplices,
Et mes plaisirs perdus, se changeant en douleurs,
De mes félicités composent mes malheurs.
Charmés de visiter nos demeures agrestes,
Ici m'apparoissoient les envoyés célestes.
Ici, je m'en souviens, du divin Raphaël
La consolante voix m'entretenoit du ciel.
Dieu même à nos regards s'y montra dans sa gloire.
Sortez, riants tableaux, de ma triste mémoire.
Ces beaux jours ne sont plus : le farouche Satan
A perdu, par mes mains, le malheureux Adam.
O vous, dont loin d'ici j'emporterai l'image,
Mystérieux abris, délicieux ombrage,

# LE DÉPART D'ÉDEN.

Anges qui visitiez autrefois ce beau lieu,
Paix du cœur, douces nuits, jours innocents, adieu !
Et toi, couche sacrée, où mon ame ravie
En commençant d'aimer crut commencer la vie ;
Toi que baignent nos pleurs pour la dernière fois,
Quelle tu m'as reçue, et quelle tu me vois !
Dieu nous a retiré sa bonté paternelle ;
Tu me vis innocente, et je pars criminelle !
Je pars avec douleur, hélas ! et sans retour !

Ainsi, pleurant ces lieux si chers à son amour,
Du premier des humains la compagne chérie,
En quittant son berceau, croit quitter sa patrie.

Adam ne pleure point. Dans sa mâle douleur
Il voudroit porter seul tout le poids du malheur.
Tel le chêne, qu'embrasse une plante débile,
La défend de l'orage et demeure immobile.
Tout-à-coup il s'écrie : O ma chère moitié,
Écoute ! écoute encor la voix de l'amitié !

## LE DÉPART D'ÉDEN.

Ainsi que toi, j'aimai ces riantes demeures,
Où, comme nos ruisseaux, couloient nos douces heures;
Mais quel charme aujourd'hui peuvent avoir ces lieux
Où j'armai contre moi la colère des Dieux?
Ce n'est plus cet Éden où la terre naissante
Répondoit avec joie à ma voix innocente;
C'est Éden profané par mon coupable orgueil;
Ici nos attentats répandirent le deuil,
Et mon ingratitude, en désastres féconde,
Des promesses du ciel déshérita le monde.
Ces plaines, ces coteaux, à nos regards si doux,
Tout ce qui nous fut cher dépose contre nous.
Je pars; mais dans mon cœur j'emporte l'espérance :
L'espoir marche toujours auprès de la souffrance.
Non, mes vœux les plus chers ne seront point trahis.
Dieu nous eût séparés, s'il nous avoit haïs.
Sa bonté se fait voir dans sa justice même;
Chère épouse, on n'est point malheureux quand on aime!
Nos cœurs étoient unis dans la prospérité;
Ils resteront unis contre l'adversité.

# LE DÉPART D'ÉDEN.

Quelle douleur ne cède à ta douce présence !
Je puis braver l'exil, mais non pas ton absence.
L'un par l'autre, en un jour, nous nous sommes perdus !
Mais pour nous le malheur est un lien de plus.
Viens ; ma main essuîra tes larmes, et les miennes
Perdront leur amertume en se mêlant aux tiennes.

A ce discours touchant, le terrible Michel
Sembloit presque oublier l'ordre de l'Éternel ;
La pitié dans son cœur désarmoit la vengeance.
D'un envoyé de Dieu la céleste indulgence
Tempéroit ses regards, et de son fer divin
Les éclairs adoucis s'éteignoient dans sa main.
Mais enfin, d'un air doux à-la-fois et sévère
Remplissant à regret son triste ministère,
A la porte d'Éden il les conduit tous deux,
Et console en ces mots leur exil rigoureux :

Couple aimable ! d'Éden vous touchez la limite.
C'en est fait ; mais je dois, avant que je vous quitte,

Contre votre infortune armer votre raison.
Voyez s'ouvrir au loin cet immense horizon.
Là vous retrouverez encor la Providence,
Et pour vous le travail produira l'abondance.
Pourtant n'espérez pas, dans ce séjour nouveau,
Un bonheur toujours pur, un destin toujours beau.
Peut-être vos enfants feront couler vos larmes;
Peut-être, pour vos cœurs nouveau sujet d'alarmes,
Leurs discords troubleront votre félicité,
Et leur mère, pleurant sur sa fécondité,
Verra s'ouvrir par eux les scènes de la guerre.
Hélas! le vrai bonheur n'est point fait pour la terre!
Votre ame peu long-temps en goûta les douceurs,
Et votre Éden lui-même a vu couler vos pleurs.
Mais le ciel, si vos cœurs souffrent avec courage,
Vous dédommagera de ces moments d'orage.
Là, Dieu lui-même un jour bénira votre hymen;
Là fleurira pour vous le véritable Éden.
Jusque-là l'Éternel, tempérant vos disgraces,
De sa juste vengeance effacera les traces.

# LE DÉPART D'ÉDEN.

Les éléments, que Dieu déchaîna contre vous,
Serviront ses bontés bien plus que son courroux.
Les chaleurs mûriront la grappe fécondée ;
Le ciel vous versera la bienfaisante ondée.
La tempête elle-même, en balayant les airs,
Des infectes vapeurs purgera l'univers,
Et le foudre indulgent d'un maître moins sévère
Vous dira sa puissance et non pas sa colère.
Des volontés du ciel ministre obéissant,
Mais de votre malheur ami compatissant,
Moi-même quelquefois des célestes demeures
Je viendrai du travail vous adoucir les heures ;
Votre inexpérience entendra mes leçons :
De vos champs paresseux je hâterai les dons ;
Vous me verrez souvent dans vos nouveaux domaines
Alléger vos travaux et soulager vos peines,
Et parmi la rosée, en ce séjour mortel,
Vos jeunes plants boiront quelques larmes du ciel.
Nourrissez dans votre ame avec persévérance
Et l'humble repentir et la douce espérance.

# LE DÉPART D'ÉDEN.

Tous les deux à profit mettez votre malheur.
Dieu n'a pas sans dessein affligé votre cœur;
Que de ses châtiments et de votre disgrace
L'exemple salutaire instruise votre race.
Quand, loin de ce beau lieu, qui nous vit tant de fois,
Ou savourer vos fruits, ou visiter vos bois,
Au lieu de cultiver cette plaine si belle,
Il vous faudra lutter contre un terrain rebelle,
Et du sillon ingrat, creusé péniblement,
De votre faim pressante arracher l'aliment.
Dites à vos enfants, devenus vos victimes :
Voilà votre destin et le prix de nos crimes.
Du mal qui vous punit ils ont tous hérité;
Qu'ils en lèguent l'histoire à leur postérité,
Et que de leurs récits l'impression profonde
Courbe tous les humains sous le maître du monde.
Oh! combien je voudrois dans les plus doux climats
Vous choisir un asile et diriger vos pas !
Mais il est temps que j'aille au Dieu de la clémence
Annoncer vos douleurs et votre obéissance.

# LE DÉPART D'ÉDEN.

Prosterné devant lui, j'implorerai pour vous
Des jours moins rigoureux et des destins plus doux.
Vous, ne murmurez point contre l'Être Suprême;
Le murmure est un crime et la plainte un blasphème
L'impatience aigrit le chagrin douloureux,
Et les cœurs résignés ne sont point malheureux.
Du bonheur à la peine endurez le passage;
Des arts consolateurs faites l'apprentissage;
Que la terre pour vous soit un nouveau jardin,
Et dans ce lieu d'exil refaites votre Éden.
Entourés de vos fils et de vos fleurs naissantes,
Vous lèverez au ciel vos mains reconnoissantes,
Et vos chants d'alégresse et vos hymnes d'amour
Du soleil renaissant salueront le retour.
Ainsi l'affreux Satan aura perdu sa proie;
Et le ciel, qui vous plaint, vous devoit cette joie.

Il dit, prend son essor, remonte vers les cieux,
Et long-temps dans les airs ils le suivent des yeux

# DESCRIPTION

DE

# L'ARCADIE.

—

L'Arcadie est un fragment des beautés de la Grèce, dans lequel on trouve des traces du culte et des usages de l'antiquité, conservé par les arts, embelli par la nature. Une fontaine en fait l'entrée; les arbres fruitiers qui l'ombragent rappellent celle de Palémon, dont la bienfaisance rafraîchissoit les voyageurs dans leurs courses pénibles. Deux cabanes charmantes sont près de là; l'inscription de la fontaine,

On ne jouit d'un bien qu'autant qu'on le partage,

annonce l'hospitalité. Des milliers de fleurs, qui bordent le sentier par lequel on sort de ce lieu paisible, offrent par leur éclat et leur parfum un tribut pour celui qui veut offrir un hommage à un sentiment quelconque, dans une île presque impénétrable par la hauteur et la quantité d'arbres qui la couvrent. Sous leur ombre, sont placés, à des distances assez considérables, les autels de l'Amour, de l'Amitié, de l'Espérance, de la Reconnoissance, et des Souvenirs. Il y en a un consacré aux poëtes qui savent si bien exprimer ce que nous ne pouvons que sentir. Pour passer dans l'île, il y a un petit bateau que l'on fait aller soi-même. Il ne peut contenir que deux ou trois personnes. Il est attaché d'un côté par une ancre accrochée à une pierre immense consacrée à l'Espérance, de l'autre à un anneau que tient un sphinx en marbre. C'est l'emblême du mystère. En repassant, on revient à un sentier obscur qui mène à une grotte par laquelle on va grimpant de pierre en pierre jusqu'à un réduit gothique, asile de la mélancolie. On en sort par des arcades qui disputent avec les arbres de hauteur et d'ancienneté. Ce chemin mène à un arc hardi d'une grande proportion dans le style grec, que les révolutions ni les plantes parasites qui le couvrent n'ont pu détruire. Cet arc fait, pour ainsi dire, le cadre d'un immense tableau; des bosquets toujours fleuris, au milieu desquels on voit le temple. De ce côté, il présente six colonnes d'ordre ionique. La frise porte l'inscription imitée de *Mihi me reddentis agelli.....* d'Horace, rendue en italien : *M'involo altrui per ritrovar me stessa.* Le calme du bonheur que cela annonce est en partie rempli par le silence et la tranquillité de ce paysage. On parvient en jouissant de cette harmonie de la nature aux portes du temple. Il est magnifique, et presque au-dessus de toute description. La porte est en bois des Indes, la clef en acier poli, enrichie de diamants. Le vestibule est rond; un amour dans une niche l'éclaire de son flambeau. Plus loin, un musée en peinture de tout ce qu'il y a de plus beau en camées, vases étrusques, lampes, fragments d'inscriptions et de bas-reliefs, occupe le voyageur curieux. Tous les meubles y sont antiques, ou faits d'après l'antique. En sortant de là on passe par un couloir, à côté de la statue du silence, pour entrer dans le sanctuaire. C'est une rotonde magnifique, dont l'aspect est imposant. L'ensemble transporte l'imagination aux temps des oracles. Les murs sont de marbres blancs, les colonnes de *giallo antico*. Des statues de vestales portent des vases d'albâtre qui semblent être encore destinés au feu sacré. Sur un autel antique, entouré de caisses magnifiques contenant des orangers, des myrtes, des jasmins, reposent des milliers d'offrandes, répandues aussi sur les gradins, que les curieux, les amis, les voyageurs y ont déposées. Il y en a de tous les genres. Une grande partie sont des vases, des cassolettes, des trépieds, etc.... Derrière l'autel est une glace immense d'une seule pièce, dans laquelle, en s'en approchant, on aperçoit l'Amour tapi pour surprendre ceux qui viennent y faire des sacrifices. Cet Amour est peint par madame Lebrun. La coupole est peinte par un François, nommé Norbelin, très habile dans son art. On y voit l'Aurore conduisant les chevaux du Soleil. Un orgue magnifique dans un cabinet attenant ajoute à la magie du lieu. En sortant de l'autre côté du temple, la vue plonge sur un lac animé par une rivière qui y grave son cours, portant l'écume d'une chute qui tombe au travers des restes d'un ancien aquéduc. Le rideau d'un bois épais et sombre termine cette scène arcadienne, et sert de fond au tableau, qui rappelle les Claude Lorrain, quelquefois les Berghem, quand le bétail y revient lentement au coucher du soleil. Mais qui mieux que le chantre des jardins, dont la nature est la palette, le génie les pinceaux, et les vers la fraîcheur même, peut en rendre les effets? En s'éloignant on passe sur les débris de l'aquéduc pour aller sur l'autre rive, d'où l'on voit l'autre façade du temple au travers de la fumée des cassolettes qui ornent le quai et les marches. Elle monte depuis l'eau jusqu'au haut du portique, qui est de quatre colonnes, avec un fronton, sur lequel est l'inscription suivante: *Dove pace trovai d'ogni mia guerra.* On parcourt des collines, des bosquets jusqu'à une enceinte de grands arbres, où l'on trouve une tente. A côté de la tente est suspendu le bouclier et la lance d'un ancien chevalier avec sa devise. Plus loin on découvre un salon de cristal, dont les panneaux enchâssés dans le bronze et le bois de Mahony sont d'une grandeur inimaginable. A travers chaque panneau on découvre les plus belles vues de l'Arcadie. Tous les ornements en cristaux et les meubles en schals des Indes rappellent dans ce beau cabinet les féeries des Mille et une Nuits. De là, en poursuivant des sentiers variés, on arrive à un lieu consacré au dieu Pan. Sa statue, adossée dans une niche, est entourée de tous les attributs du dieu des bergers. A côté de la niche est une petite porte en pierre, par laquelle on entre dans un verger précédé d'un tapis de fleurs, entouré d'un mur fait tout entier de débris de divers bâtiments, comme chapiteaux, frises, fragments, morceaux tous rapportés, et mêlés de mousses et de plantes rampantes. Sous les arbres de ce verger sont placées des ruches, et l'on peut dire dans ce beau lieu

De ses parfums divers embarrassoit l'abeille.

Ce verger fait face à une ruine. Il semble que les bergers de l'Arcadie en ont dérangé l'architecture pour y établir leurs rustiques travaux. Ces belles ruines, ornées de quelques colonnes, bas-reliefs, renferment à présent des moutons, dont les clochettes et le bêlement retentissent dans les voûtes où jadis peut-être ils servirent de victimes. Quelques sarcophages, des urnes, des cuves de marbres précieux, à présent à l'usage des propriétaires, servent d'abreuvoirs, de siéges, et sont en partie recouverts de vignes, de clématites, dont les festons s'étendent jusqu'à deux rangs de colonnes qui aboutissent à la grande porte d'entrée, par laquelle on découvre un ancien château situé à une demi-lieue de l'Arcadie. En suivant le cours de la rivière à droite, on arrive à une île de peupliers qui ombragent un monument de marbre noir, dans lequel on voit une figure de femme en marbre blanc, dans l'attitude du repos, copiée d'après la sainte Cécile du Bernin. L'inscription si connue, *Et moi aussi j'ai vécu en Arcadie*, est changée ici ; et on lit : *J'ai fait l'Arcadie, et j'y repose.* La belle, l'intéressante princesse Radziwil, brillante encore de jeunesse et de fraîcheur, a fait cet asile pour y reposer un jour. De l'autre côté de l'île s'élève une colline, sur laquelle pose une chapelle de marbre noir. Sa belle architecture, les tableaux qui la décorent en dedans, des inscriptions, tout se réunit pour plonger l'ame dans de profondes réflexions. Cette chapelle est consacrée à une fille charmante et tendrement chérie que la princesse Radziwil a perdue. Il est impossible de ne pas être touché en y entrant, bien que cette mère, si intéressante dans sa douleur, ait rassemblé dans les tableaux de la chapelle tout ce qui peut consoler une ame profondément atteinte, par l'idée de l'immortalité et d'un Dieu bienfaisant. En sortant de là on revient par un autre chemin à la chute d'eau, dont le murmure endort les peines présentes dans les songes de l'avenir.

La princesse Radziwil, transportée par le bonheur de voir l'Arcadie dans votre poëme, a employé un temps considérable à la description de ce lieu chéri, dont jamais elle n'étoit contente. A la fin, elle me l'a envoyée; j'ai cru devoir l'abréger, et j'en ai supprimé beaucoup de petits détails. Je me hâte de vous l'adresser. S'il n'est plus temps, peut-être trouvera-t-elle place dans les notes. Ce sera une consolation pour elle.

# DESCRIPTION

DE

## PULHAVIE.

—

Avant de détailler Pulhavie, je tracerai le local et la situation. Pulhavie est situé dans le palatinat de Lublin, sur une colline qui se prolonge le long de la Vistule. Le château est au sommet. Une partie des jardins se trouve de niveau avec le château, une autre sur la pente, le reste touche la rivière. Au levant et au nord est un bois de chênes, de tilleuls, de sapins. Ce bois, percé en allées, est d'une vaste étendue, et réunit plusieurs grandes routes. Au midi, on voit des montagnes dont quelques unes sont brisées; d'autres sont couronnées par des châteaux anciens, dont les ruines sont très pittoresques. Le principal est celui de Casimir. Il a été bâti en 1326 par Casimir-le-Grand, un de nos meilleurs rois. Du midi au couchant coule la Vistule dans une très grande largeur. Au bas du jardin, elle forme une île très considérable; plus loin, elle se prolonge dans toute son étendue. La rive opposée est garnie d'arbres immenses, de villages situés sur une rive pareillement un peu montueuse. Vis-à-vis de Pulhavie est bâtie une maison de campagne, à laquelle le propriétaire a donné l'extérieur du temple de Vesta, très bien exécuté; elle est ombragée par d'immenses chênes et quelques peupliers, et fait, pour mon jardin, un point de vue charmant. Telle est la situation de Pulhavie; en voici les détails. La principale beauté de Pulhavie, ce sont les arbres; par leur ancienneté, leur grandeur, leur beauté et leur nombre, ils sont véritablement à citer. Une autre parure que la nature y a placée, c'est un fleuve superbe, toujours couvert de bâtiments de transport, de bateaux et de barques. Les jardins d'en haut, qui sont de niveau avec le château, sont arrangés nouvellement dans le genre anglois. Les vieux arbres plantés par nos aïeux en forment le fond. Les bosquets sont variés par tout ce qui se soutient dans nos climats. Les gazons sont de la plus grande beauté. A gauche, vous voyez au milieu des bosquets une pelouse sur laquelle s'élèvent deux bouleaux immenses, dont les branches flexibles retombent depuis le sommet jusque sur le gazon. Ce genre de bouleau est comme le saule pleureur, et se dessine encore mieux. Les deux dont je parle couvrent de leur ombre un monument en pierre de taille très simple, avec cette inscription : *Monument des anciennes amitiés.* Sur les côtés, on a gravé les noms de quelques personnes qui, depuis plus de vingt ans, font notre petite société, et embellissent ma vie par l'intérêt le plus touchant et les soins les plus tendres. En suivant des routes du même côté on découvre une orangerie en colonnade, dont la façade fait un point de vue charmant. Cette orangerie contient les plus belles plantes et les plus rares. Sur un des angles de la colonnade on a gravé ce vers de Virgile :

Hic omnes arbusta juvant humilesque Myricæ.

Du même côté, on parvient à l'ancienne limite du jardin. C'est un chemin creux pratiqué dans un ravin, qui est en même temps une grande route de poste très fréquentée. On a jeté un pont de pierre par-dessus, et le jardin continue de l'autre côté. A droite, on voit le grand chemin qui passe sous des peupliers immenses ; à gauche, les champs et le bois ; la vue se prolonge dans toute l'étendue d'un pays très varié, et le jardin, à l'aide de ce que les Anglois appellent *deception*, semble n'avoir pas de bornes. En tournant de là sur la droite vous longez une partie du jardin, qui est très agreste; des ravins, des prairies naturelles et des touffes de très beaux arbres; ensuite un petit bois qui couvre la pente; sur un des ravins, un pont de pierre dans le genre gothique vous méne sur un bord escarpé au-dessus d'un bras de la Vistule. Sur ce bord s'élève un temple tout entier en pierre de taille, fait sur le modèle exact et sur les mêmes mesures absolument que celui de la Sibylle à Tivoli. La seule différence, c'est qu'il n'est point en ruines, mais absolument achevé. Comme je n'aime point les bâtiments quelconques, quand ils n'offrent en y arrivant aucun but, j'ai rassemblé dans ce petit temple des collections de plusieurs genres que j'ai faites depuis bien des années. Ce sont principalement des souvenirs de personnes célèbres et d'événements qui ont le droit d'intéresser : des portraits, bagues, chaînes, coupes, armures, meubles, lettres, livres, manuscrits, vases, médailles, etc...... Un côté est consacré à ma patrie; l'autre rassemble des souvenirs de la France, de l'Angleterre, et d'autres pays. Je me plais à revoir réunis dans cet espace bien peu étendu des objets qui, dans leur origine, n'étoient pas faits pour être ensemble : le masque de Cromvell à côté de celui de Henri IV; une chaîne de Marie Stuart à côté des *Heures* de Marie-Antoinette; la chaise de Shakespeare à côté de celle de J.-J. Rousseau; le cornet à poudre de Henri VIII à côté de l'épée de Charles XII; un vase de coraux, qui a appartenu à Laurent de Médicis, à côté des lettres originales de madame de Sévigné. Je ne finirois pas si je voulois nommer et détailler ce que produisent quelquefois les déplacements momentanés de toutes mes richesses dans ce genre; mais je dois ajouter ici que mes larmes coulent souvent quand je passe du côté où je retrouve les souvenirs de ma patrie, de ce pays si cher à mon cœur, où je vécus depuis mon enfance, où je fus heureuse fille, heureuse femme, bien heureuse mère, heureuse amie. Ce pays n'existe plus; il est arrosé de sang, et bientôt le nom même en sera effacé. En sortant du temple et en continuant à marcher vers le côté gauche, vous arrivez à une petite pelouse, entourée de collines très brisées. Sur le penchant d'une de ces collines j'ai élevé un monument de marbre blanc, que j'ai consacré à mon beau-père et à ma belle-mère, en reconnoissance du bonheur dont je jouis par la possession de Pulhavie, dont en partie les beaux arbres sont plantés par eux. Ce monument a été fait à Rome, sur les proportions et sur l'exacte modèle du tombeau des Scipion. Il est très grand, d'un beau style, et d'un très beau marbre. En longeant la côte, un sentier charmant mène à un ravin profond. On le passe sur un pont qui aboutit à une petite porte en pierre. En l'ouvrant, la transition est frappante, cette porte donnant sur un gazon superbe et très soigné, et sur une multitude d'arbustes et de fleurs. Ce sont les possessions de ma fille, la princesse de Wurtemberg, qui demeure toujours avec nous. Marie est son nom; ce gazon et ces fleurs offrent son image. Une ame céleste, un caractère angélique, une figure charmante, des talents, des vertus, et bien des malheurs, voilà son histoire. En suivant une route embaumée entre ces bosquets fleuris, on parvient à un pavillon d'ordre corinthien, le plus joli du monde. C'est là qu'elle demeure; c'est là qu'elle fait mon bonheur et celui de tout ce qui l'entoure. Sur le frontispice de sa maison, elle a gravé ce vers d'Horace :

Iste terrarum mihi præter omnes angulus ridet.

Cet endroit, d'après le nom de Marie, est appelé Marynki ; le bras de la rivière sépare Marynki d'avec l'île ; un pont y conduit. Cette île est un des beaux endroits de Pulhavie. L'extréme fraîcheur des gazons, où de très belles vaches paissent en liberté, des arbres immenses et d'un genre propre au pays, en font un ensemble ravissant. Ces arbres sont des peupliers qui ne viennent que sur les bords de la Vistule, et qui parviennent à une hauteur prodigieuse ; leurs troncs sur-tout sont très remarquables. En devenant vieux, ils se couvrent de nœuds, qui se placent comme des cercles autour du tronc, régulièrement de distance en distance ; ces nœuds se couvrent de petites feuilles, et forment comme des couronnes qui enlacent ces arbres magnifiques, lesquels en vieillissant deviennent immenses. Leurs troncs alors semblent porter non des branches, mais d'autres arbres. Il y a environ deux cents peupliers de cette espèce sur l'île; sous leur ombre, j'ai placé des étables, des laiteries, et quelques cabanes. Plus loin, on repasse par un autre pont pour rentrer au jardin; on se trouve alors dans un sentier qui conduit le long d'une suite de roches d'un assez beau genre, où l'on peut remarquer de belles grottes à deux étages, d'une vaste étendue et d'une belle qualité. Les grottes sont anciennes; mais je me suis plue à les perfectionner. Il y en a une dont la base est baignée par la rivière; une autre dont la forme cintrée ressemble à une chapelle. J'y ai gravé sur un bloc ces deux vers de Racine :

L'Éternel est son nom.............

En passant par une des grottes, on se trouve dans un endroit fort solitaire. Là, s'offrent à la vue deux vieux peupliers presque renversés, mais garnis de leurs feuilles. Au-dessus de leurs rameaux est une pierre immense consacrée au passé. Je n'ai vu personne qui ne s'arrêtât avec intérêt auprès de ce monument. Chacun y retrouve un souvenir, et chacun dans le passé se rappelle ou son bonheur ou ses peines. Au travers des rameaux des branches des deux peupliers et au-dessus du monument du passé, on aperçoit une saillie dans le rocher, que l'on remarque, quoique enfoncée en arrière. Cette pointe de rocher est à un ami bien cher que j'aimois tendrement, que j'ai perdu. Le long des rochers est une cabane de pêcheurs, quelques vieilles voûtes très pittoresques, un escalier taillé dans le roc; cet endroit est entremêlé de plantes et d'arbustes. De là on passe dans la partie du jardin qui touche à la Vistule même. C'est là que s'élévent les plus beaux arbres, dont l'immense hauteur atteste l'ancienneté. Des chênes, des ifs, des peupliers, y forment une continuité de berceaux, où l'on se promène à l'ombre à toute heure. Par-dessous on découvre le fleuve dans toute sa majesté. Le soir d'un beau jour d'été, la rivière vers le couchant est pourpre, et du côté de l'île, dans le temps où la lune se lève de bonne heure, à la même époque du jour, elle est argentée. Ce coup d'œil est unique dans son genre. A l'extrémité du jardin, de ce côté-là, on voit environ quarante marroniers de la plus grande hauteur et de la plus vaste étendue. Au milieu de ce bosquet de marroniers sont disposés six grands jets d'eau qui s'élèvent au-dessus des arbres, et retombent entre les branches. Je ne vous fatiguerai pas d'une plus longue description. J'ajouterai seulement qu'au-delà des marroniers on se trouve dans un joli hameau, où un ruisseau charmant coule sur un lit de cailloux entre des arbres superbes. C'est là qu'est placée une pierre immense consacrée à l'auteur du poëme *des Jardins*. Un peuplier la couvre, un ruisseau l'arrose ; une prairie qui borde d'un côté le ruisseau sert de salle de jeux et de bal tous les dimanches à une troupe d'enfants et de jeunes personnes : c'est ma manière de vous rappeler à tout ce qui m'entoure. A Marynki, chez ma fille, il y a une source d'eau vive ombragée d'acacias et de cytises. A côté de la fontaine, un bas-relief vous est consacré, avec cette inscription : *Il aima la campagne, et sut la faire aimer.* Je finirai ces détails en vous parlant d'un petit jardin séparé qui tient à mon appartement. Il est entouré d'une haie vive, et ne contient que des fleurs les plus rares, et en quantité. Un seul bouquet d'arbres y est planté de ma main. Ce sont quelques peupliers d'Italie, quelques acacias et des lilas. Au milieu on voit un autel en marbre blanc. Au bas j'ai gravé ces mots : *A l'Être Suprême pour mes enfants.* Voilà le lieu où j'habite avec mes enfants, mon mari, et mes amis. Voilà le lieu où vos ouvrages charmants sont lus, relus, admirés. Voilà le lieu qui peut-être, dans le cours d'une révolution nouvelle, sera anéanti comme tant d'autres, et dont je desire que le nom et le souvenir passent à la postérité dans vos vers : c'est une manière de reconnoissance pour ce Pulhavie, où je vis heureuse, que de lui donner un brevet pour l'immortalité. Sans décrire tous les détails de cet endroit, j'ai cependant donné une grande étendue à ma description ; mais ne me faites pas le tort de croire que je veuille que vous parliez de tout ce qui s'y trouve. J'ai mis sous vos yeux ce qu'il y a de plus marquant, et vous choisirez ce qui vous paroîtra le plus intéressant. Je ne dois pas oublier encore un objet qui n'est point exécuté jusqu'à ce moment, mais qui le sera dans peu. Depuis que je voyage, j'ai toujours eu le goût des souvenirs des choses intéressantes dans le passé. Entre beaucoup d'autres collections, j'ai ramassé une quantité de fragments d'anciens bâtiments de tous les pays de la terre. J'ai des pierres de Constantinople, des bas-reliefs de Rome, une pierre du Capitole, vingt briques de la Bastille, que j'ai apportés moi-même. J'ai un morceau d'une frise du château de Marie d'Écosse, un fragment d'un ancien temple de Druides, que j'ai trouvé en Écosse. Enfin j'ai une multitude de pierres intéressantes, avec des inscriptions, des sculptures, et autres. Je vais faire une petite maison gothique où toutes ces pierres seront inscrites avec des marques pour les reconnoître. Cette maison sera la demeure de celui à qui sera confiée la garde de tout mon petit muséum. Elle sera placée de manière qu'on ne la verra qu'en entrant dans l'enclos où elle sera située, pour ne pas mêler son coup d'œil gothique avec la belle architecture du temple. Je ne vous fais pas la description du monument pour mes auteurs favoris; vous la connoissez déja. C'est là qu'on vous dit : *Au-dessus de Gesner, et bien près de Virgile.*

De très violents maux de tête m'ont empêchée d'écrire correctement. Pardonnez ce barbouillage.

# A LA PRINCESSE ***

Madame,

J'avois retardé pour vous la réimpression de mon poëme; je l'aurois cru incomplet, si vos jardins n'y eussent tenu la place qu'ils méritent. On se forme d'avance la figure des grands personnages qu'on se promet de voir; la même chose m'est arrivée à l'égard de vos jardins. Je m'en étois tracé d'avance l'image la plus avantageuse; et la peinture que vous en avez faite me prouve que je les avois presque devinés. Il me semble que j'avois déja vu vos bosquets, vos grottes, vos rochers; le style enchanteur dont vous les dépeignez est la seule chose dont je n'avois pu me faire une idée. Le choix des inscriptions n'est pas ce qu'il y a de moins heureux dans les ornements du séjour ravissant dont vous avez bien voulu me tracer une peinture si agréable. Jamais Virgile n'a eu tant d'esprit que dans les applications heureuses que vous faites de ses vers. Mon poëte auroit été surpris s'il avoit pu prévoir que ses passages seroient tournés en éloges pour son traducteur, qui les a si souvent affoiblis. Votre description est elle-même un charmant poëme; mais malheureusement il me reste peu de place: je serai forcé d'abréger la peinture de quelques autres jardins pour donner au vôtre sa juste étendue. C'est ainsi que Virgile invitoit le scorpion à se replier pour faire place à l'astre de César :

Tibi brachia contrahit ardens
Scorpius, et cœli justa plus parte relinquit.

Vos citations latines, MADAME, m'autorisent à citer des vers latins. Il ne me reste qu'un regret; c'est de ne pouvoir parcourir qu'en idée des lieux pleins de vous et de Virgile. Je voudrois pouvoir m'y transporter, et changer mon petit monument en autel, où je vous offrirois en échange et vos fleurs et mes vers.

Je suis donc réduit à choisir dans votre

description ce qu'elle offre de plus brillant et de plus pittoresque. Le reste embellira mes notes, et malheureusement le charme de votre prose accusera la foiblesse de mes vers.

Je ne puis deviner pourquoi vous avez retardé l'envoi des jardins de l'Arcadie; les peindre sur les lieux, et d'après nature, auroit encore été un de mes plus ardents desirs, et j'aurois voulu pouvoir dire aussi : *Et ego in Arcadia.*

# EPITRE

## A DEUX ENFANTS VOYAGEURS.

—

Enfin vous l'allez voir ce continent si vaste.
    Vous partez dans vos jeunes ans,
   Quand vos esprits, vos organes naissants,
    Peuvent saisir chaque contraste.
Mais souffrez qu'un vieillard, sans rudesse et sans
Par votre aimable accueil dès long-temps prévenu,
Et profitant pour vous de tout ce qu'il a vu,
    De loin vous montre sur la route
    Les dangers qu'il faut qu'on redoute,
L'ennui, l'orgueil, et la légèreté.

  Dans chaque empire et dans chaque cité,

# ÉPITRE.

De voyageurs une foule pullule;
Chacun a sa marotte et tous leur ridicule :
    L'un, à la suite d'un cartel,
  Qui veut du sang, pour un mot, pour un geste;
    Bien loin du séjour paternel,
    Victime d'un orgueil funeste,
S'en va mourir d'ennui sur les bords du Texel :
  Un coup d'épée eût été moins mortel.

    L'autre, promeneur solitaire,
    Et voyageur apothicaire,
Va chercher sur les rocs, sur la cime des monts,
Dans le fond des forêts, dans le creux des vallons,
La plante du centaure, ou l'herbe vulnéraire,
    Ou le salubre capillaire;
Et, fier de son butin lentement recueilli,
Revient la tête vide, et son herbier rempli.

Cet autre, préférant les arts à la nature,
Va chercher la moderne ou vieille architecture;

# ÉPITRE.

Il est heureux, s'il sait, à la rigueur,
Combien Saint-Paul a de longueur,
Combien tous les temples du monde
Le cèdent en hauteur à la grande rotonde
Qui, s'élevant *ecessivamente*,
Va porter jusqu'aux cieux le nom de Bramante.
En maçon très chrétien il a couru la terre,
Vu tous les patrons goths, grecs, gaulois, ou romains
Les temples celtes et germains.
Il part, revole en France, en Angleterre,
Il compte en masse, hélas! et souvent en détail,
La nef d'Amiens, de Reims le célèbre portail,
Et du chœur de Beauvais le superbe travail,
Et les vitraux de Tours, précieux à l'histoire,
Où plus d'une famille a retrouvé sa gloire;
Les forts de Valencienne et ceux de Luxembourg,
Et les rocs dentelés du clocher de Strasbourg;
L'Escurial, le Louvre, et Saint-Roch, et Saint-Pierre,
Leurs châsses, leurs cercueils, le mur qui les enserre
La grille dont ils sont enceints;

# ÉPITRE.

Enfin ses longs discours, ses récits, ses dessins,
Pleins d'autels, de tombeaux, et de marbre et de pierre,
Même aux dévots font redouter les saints.

L'autre à bien festiner met sa philosophie;
Où l'on mange et boit bien est sa géographie;
Il voyage en gourmand; il compare en chemin
La truite de Genève à la carpe du Rhin,
 Les pleurs du Christ au cru de Chambertin,
  Le Calabrois, le Santorin,
 Dont un volcan féconda le terrain,
 Les vins pourris dans les fosses d'Espagne
 Au vieux nectar qu'en plus d'une campagne
Nos grenadiers françois buvoient, le sabre en main,
  Dans les foudres de l'Allemagne.

  Tantôt son savoir bien nourri
   S'en va, d'auberges en auberges,
Chercher dans quels climats, sous quel ciel favori,
  Les pois nouveaux et les asperges,

# ÉPITRE.

Pour complaire à sa volupté,
Préviennent le printemps, survivent à l'été.
Aux champs de la Romagne, aux îles de l'Attique,
Dans sa gourmandise classique,
Il demande en courant le Chio, le Massique
Qu'Anacréon et qu'Horace avoient bus,
A qui leur verve poétique
Paya de si justes tributs.
Il veut savoir quel vin moderne
Remplace le Cécube, et tient lieu du Falerne.
Il ne s'étonne pas que les arts soient perdus
Depuis que ces vins ne sont plus.
Il goûte, il juge tout, passe de halte en halte,
Des vergers de Montreuil aux oranges de Malte,
Du lièvre sans saveur et du fade lapin,
Nourris des débris du jardin,
Aux gibiers du midi, dont la chair renommée
Est de lavande et de thym parfumée,
Ou de la bartavelle à la rouge perdrix;
Dont l'épagneul évente les esprits;

Parcourt tous les terroirs en oliviers fertiles,
De Lucque et d'Aix va comparer les huiles,
Rapporte enfin chez lui des indigestions
De tout pays, de toutes nations.

Tantôt, peu satisfait de nos serres françoises,
Il s'arrête en chemin, charmé par un beau fruit
Dont le parfum et le goût le séduit,
Prend là ses repas et ses aises.
La saison finit-elle, il appelle à grand bruit
Ses gens, ses postillons, fait atteler ses chaises,
Et disparoît tout juste avec les fraises.

D'autres, de l'avenir, du présent, peu frappés,
Infatigables antiquaires,
Du passé seul sont occupés;
Dans les vallons, sur les monts escarpés
Vont déchiffrant des marbres funéraires,
Vont déterrant des urnes cinéraires,
Se pâment sur un mur bâti par Cicéron,

# ÉPITRE.

Ou sur un coin du jardin de Néron,
D'écus grecs ou romains, ou d'antiques médailles,
Ils s'en vont ramassant des restes curieux;
Ils appliquent la loupe, ils fatiguent leurs yeux
    Sur le vert-de-gris précieux
    De ces augustes antiquailles;
    Du vorace Vitellius
    Cherchent les casernes royales,
    Ou des Tibère, des Caïus,
    Les cavernes prétoriales;
Comblent de leurs débris des chars et des vaisseaux;
    Puis, fiers de ces rares morceaux,
Pour embellir leurs scènes romantiques,
Ils vont de cet amas de décombres antiques,
De colonnes sans base et de vieux chapiteaux,
Attrister leurs jardins, encombrer leurs châteaux;
    Doctes fouillis de la Grèce et de Rome,
Où logent cent consuls, et souvent pas un homme;
Antre nobiliaire, ambitieux donjon,
Où, comme les vivants, chez d'Hozier, chez Baujon,

## ÉPITRE.

Les morts inscrits sur leurs registres
Présentent en entrant leurs dates et leurs titres.
Des cartons sous le bras, dans les mains des crayons,
L'autre s'en va chercher loin de nos régions
    Des ruines, des paysages,
    Dessiner quelques monts sauvages,
    Quelques rochers bizarrement taillés,
Et d'arbrisseaux rampants richement habillés,
    De beaux lointains, et de riches ombrages.
Au fond d'un porte-feuille il dépose enterrés
    Des champs flétris, des monts décolorés.
Par-tout où s'est montré ce grand paysagiste,
    Chaque lieu semble triste
    De voir ainsi déshonorés
    Ses bois, ses ruisseaux et ses prés,
    À qui le crayon des artistes
N'a pu laisser ce ciel pur et vermeil,
    Ces beaux reflets, et ce soleil,
    Le plus brillant des coloristes.
Lui cependant, tout fier de ces riches moissons,

# ÉPITRE.

Du grand art des Poussin récoltes poétiques,
Va bientôt dans d'autres cantons,
Pleins de grands souvenirs, fameux par de grands noms,
Autour des remparts historiques
Des Augustes et des Catons,
Reprendre ses courses classiques;
Passe des égouts de Tarquin
À cette fontaine chérie
Du grand législateur confident d'Égérie,
À la tombe où dormoit Scipion l'Africain,
À la masse du Colisée
Par un neveu papal depuis long-temps brisée;
Passe en revue et les champs et les monts;
Et, sa docte valise une fois bien remplie,
Il court en France apporter l'Italie,
Ses arcs triomphateurs, ses aquéducs, ses ponts,
Et ses temples, et leurs frontons;
Et dit, d'une ame enorgueillie:
Rome n'est plus dans Rome, elle est dans mes cartons.
Dans de plus longues promenades,

L'autre, badaud parisien,
Chez le peuple vénitien,
À Naples, va chercher des bals, des mascarades,
La bénédiction qu'on donne au Vatican;
Ailleurs, le spectacle d'un camp,
Des manœuvres et des parades;
Ailleurs, un beau couronnement,
Grand et superbe évènement
Où les étrangers accoururent,
Où trente puissances parurent.
Quel plaisir, de retour chez soi,
De conter à ses camarades
Quel hasard le plaça tout à côté du roi.
Les fêtes, les soupers, les danses, les aubades,
Les balustres, et les arcades,
Les tribunes, et les balcons,
Combien les Allemands vidèrent de flacons!
Du cérémonial de cette grande fête
Le fat vous étourdit la tête,
Redit chaque détail qui flatte son orgueil,

Les noms de tous les grands qui lui firent accueil;
Et même il a sur lui le ruban honorable
Que lui donna la cour dans ce jour mémorable.

  Épris de plus nobles objets,
  Des portiques, des colonnades,
  Des danses, et des sérénades,
  Ont pour vous de foibles attraits.
Le choix savant et des vins et des mets
  N'est point entré dans vos projets;
Pour le beau seul vous êtes nés gourmets.
  Des cathédrales et des temples
Votre pays vous offre assez d'exemples;
Et la belle nature aux plus savants pinceaux
  Y peut fournir d'assez riches tableaux.
  Jeunes encore, et vertueux et sages,
Le désordre n'a point commandé vos voyages;
Ce travers n'est pour vous qu'un objet de pitié;
De plus nobles motifs vous ouvrent la carrière;
  Et, quand vos pas quitteront la barrière,

## ÉPITRE.

Vous ne laisserez en arrière
Que les regrets de l'amitié.


Laissez les ruines antiques
À ces amateurs fanatiques
Des temples, des palais, des urnes, des tombeaux,
Pour qui les plus anciens sont toujours les plus beaux,
Dont l'érudition profonde
Dans chaque souterrain et dans chaque caveau
Court interroger le vieux monde,
Sans s'inquiéter du nouveau.
Étudiez les peuples et les hommes;
Oubliez ce qu'on fut pour voir ce que nous sommes.
Pour voyager avec succès
De l'habitude encore évitez les excès.
Il ne faut aimer trop, ni trop peu sa patrie;
L'un seroit sacrilège, et l'autre idolâtrie.
Les uns, obstinés citoyens,
Ne trouvent que chez eux le vrai goût, les vrais biens,
Ne conçoivent pas qu'on puisse être

# ÉPITRE.

Autrement que l'on est au lieu qui les vit naître ;
Qu'on soit Irlandois à Dublin,
Perse dans Ispahan, Allemand à Berlin.
Ivres de leur terre natale,
Sur le talent, la vertu, la beauté,
Ils vont braquant de tout côté
La lunette nationale ;
Et de tous les états, et de tous les pays,
Ils reviennent chagrins, haïssant et haïs.

Pour désenfler ses hypocondres,
L'autre au sein de la France, au milieu de Paris,
Veut transporter les courses, les paris,
Et toutes les gaîtés de Londres.
Pour se chauffer durant l'hiver,
Il commande un *grate* (1), un *fender* (2);
Pour sa fourniture complète

---

(1) La cheminée dans laquelle on place le charbon.
2) Espèce de garde-cendres.

## ÉPITRE.

Ne manque pas de faire emplète
De l'infatigable *poker* (1),
Qui, des passe-temps le plus cher,
Près d'une cheminée au *spleen* un-peu sujette,
Où siègent les vapeurs et la consomption,
L'étude en bonnet noir, la lecture en lunette,
La politique auprès d'une gasette,
Et l'avarice auprès de sa cassette,
Du mélancolique charbon
Faisant partir par amusette,
Quelquefois par distraction,
La rapide étincelle et la vive bleuette,
Pour égayer la méditation,
Dans les jeux du foyer remplace la pincette.
Il ne sort pas sans un spencer,
Ne lit que Milton et Chaucer;
Pour n'en pas perdre l'habitude,
Du nom de *rout* il appelle nos bals,

(1) Tient lieu de la pincette.

# ÉPITRE.

Et du sort des François n'a plus d'inquiétude
Depuis qu'ils ont adopté les wauxhals;
À ce bel opéra, que le monde idolâtre,
Va de Covent Garden regretter le théâtre;
Sollicite avant son départ
Le combat du taureau, la chasse du renard;
S'étonne seulement que la France ait fait grace
Aux loups, dont l'Angleterre extermina la race;
Se fait admettre au club, paye en livres sterlings
Sa soupe à la tortue, et ses chers *plum-puddings;*
Pour mieux s'habituer à la langue françoise
Se rend exactement à la taverne angloise,
Et, dans ses jeux chéris soigneux de s'exercer,
À nos Parisiens veut apprendre à boxer;
Par-tout de son pays conserve les coutumes,
Les usages et les costumes;
Enfin, rentrant chez lui comme il étoit sorti,
Y revient plus anglois qu'il n'en étoit parti.

D'autres, lassés du séjour de leurs pères,
Vont poursuivant de lointaines chimères,

Et, se dépaysant pour devenir meilleurs,
Dénigrent tout chez eux, adorent tout ailleurs.
Tout ce qu'ils n'avoient pas charme leurs goûts frivoles.
  Ainsi les superstitions,
  Chez les antiques nations,
Des cultes étrangers empruntoient les idoles.
Du joug de l'habitude ils marchent dégagés,
Et perdent leur sagesse avec leurs préjugés.
Ainsi du bon François quand l'humeur vagabonde
  Se mit à parcourir le monde,
Par-tout il moissonna les sottises d'autrui,
Et dans le monde entier ne méprisa que lui;
Il courut mendier aux terres étrangères
Ses usages, ses mœurs, et ses lois passagères.
Aux rochers de la Suisse, aux plaines d'Albion,
Il croyoit s'élancer vers la perfection.
Revenu, disoit-il, de ses erreurs premières,
Il délioit son joug, et brisoit ses lisières.
Qu'arriva-t-il? Au lieu de nouvelles lumières,
Il rapporta pour prix de son instruction

# ÉPITRE.

L'extravagance et la destruction.
En berline, en wiskis, en frac, en guêtre, en bottes,
En gilets écourtés, en longues redingotes,
La révolution, pour punir les François,
À des goûts étrangers dut ses premiers succès.
De motions nos cafés résonnèrent ;
De mots, de plans nouveaux, nos vieillards s'étonnèren
De jeunes fats et d'imberbes Catons
Dans nos tribunes dominèrent,
Ridiculement y prônèrent
La république des Platons.
Des bavards de tous les cantons
Nos jeunes dames rafolèrent ;
Les graces, les ris s'envolèrent.
Mille petits Catilinats
Inondèrent nos clubs, nos salons, nos sénats.
Le cœur se corrompit, les esprits se troublèrent.
Comme un torrent fougueux le désordre roula.
Plus de respect pour ses chefs, pour ses maîtres ;
La licence à ses pieds foula

## ÉPITRE.

    Les ouvrages de nos ancêtres.
Le mauvais goût eut de nombreux fauteurs.
Le tragique fit place à d'effroyables drames;
L'honneur à la terreur succéda dans les ames,
    Et la pitié resta pour les auteurs.
La sensible amitié ne vit plus que des traîtres.
Dans ses vieux fondemens l'empire chancela;
Les débris des autels écrasèrent les prêtres,
Et sur les courtisans le trône s'écroula.
Évitez ces excès; voyez la jeune abeille,
    Qui, dès le retour du matin,
Sur le thym odorant, sur la rose vermeille,
    Cueille la cire et cherche son butin.
Dans sa loge natale, ou dans d'autres cellules,
Ses partialités, ses dégoûts ridicules
Ne vont point s'informer comment se fait le miel;
Elle suit son instinct, la nature, et le ciel.
    Imitez-la; repoussez tout systême:
    Vous le savez, et du bien et du mal
Le ciel à tous les lieux fit un partage égal.

# ÉPITRE.

Avant l'étude, avant l'expérience,
N'avons-nous pas la conscience?
C'est à ses lois que l'on doit obéir.
Sur les objets qu'on doit haïr,
Sur ceux qu'il faut qu'on aime,
Chacun est son juge à soi-même.
De l'imitation le danger est extrême.
Observez avec soin, choisissez à loisir.
L'art de bien voyager, c'est l'art de bien choisir.
Mais ne vous bornez pas aux plus prochains rivages;
Examinez d'un regard pénétrant
D'autres pays, d'autres usages,
Et sur les bords lointains, policés, ou sauvages,
Comme votre pensée, étendez vos voyages.
Vous êtes bien petits, et le monde est bien grand.
Quel que soit le climat qu'aborde votre audace,
N'espérez point trouver les lieux
Tels que les virent nos aïeux.
Le temps qui forme tout, et par qui tout s'efface,
Du monde entier change la face,

# ÉPITRE.

Les peuples, les climats, l'eau, la terre, et les cieux.
Vous chercheriez en vain Tyr, Carthage, Ecbatane.
Un volcan engloutit et Lisbonne et Catane.
 Sur son terrain par le temps exhaussé
  Le Capitole est abaissé.
 Où reposoit la famille des Jules
  Des capucins ont leurs cellules.
Ne voyez rien d'un œil léger et dédaigneux.
  Observez d'un regard soigneux
Les changements des lois, des hommes, et des dieux.
Vous êtes bien enfants, et le monde est bien vieux.

  Sachez aussi dans votre course
Des peuples dispersés chercher l'antique source.
L'un est né des Gaulois, et l'autre des Germains;
L'un est enfant des Grecs, et l'autre des Romains.
  Cet autre, fier de son vieil âge,
Fils de l'Égyptien, ou du Scythe sauvage,
  Changea cent fois de mœurs et d'esclavage.
Que de peuples divers, nés du même berceau,

Prennent des traits, un goût, un langage nouveau,
    Et des habitudes contraires,
Dépendant du vainqueur, du siècle, et des climats!
Dans le monde habité tous les peuples sont frères;
Et tous, ainsi que vous, ne se ressemblent pas.
Mais en vain vous offrez dans votre aimable enfance
    Cette conformité de traits,
Il est entre vous deux des rapports plus parfaits.
Même docilité, même reconnoissance,
Pour l'homme vertueux de qui l'expérience
    À vos yeux charmés dévoila
    Tous les secrets de la science;
Même amour pour les lieux où vous prîtes naissance,
    Pour Dieu, pour votre roi; voilà
    Votre plus noble ressemblance.
La fable vainement nous entretient encor
    Et de Pollux et de Castor,
Infortunés jumeaux que le destin bizarre
Plaçoit l'un dans l'enfer, et l'autre dans les cieux :
    Par un sort plus doux et plus rare,

# ÉPITRE.

Même félicité vous réunit tous deux;
Même soin forma votre enfance.
Du jeune âge oubliant les jeux,
Dans un voyage courageux
Allez cueillir la récompense
De votre loisir studieux.
Mieux instruits, vous jouirez mieux;
Les états, les cités, les peuples, et les lieux,
Ne disent rien à l'ignorance;
Son regard n'en saisit que la vaine apparence:
L'ignorant voit, le savant pense.
Jadis, la veille des combats,
Des grands évènements, et des lointains voyages,
Les princes et les potentats
Interrogeoient le ciel, et consultoient les mages;
Pour moi, sans me placer au nombre des devins,
Déja sur vos futurs destins
J'ai des augures plus certains,
J'ai de plus assurés présages.
Une beauté forma vos esprits enfantins,

# ÉPITRE.

Une beauté qui joint à la gaîté françoise
La bonté germanique et la douceur angloise.
Un sage, ami des lois, des beaux arts, et des dieux,
Connu par son talent, connu par sa sagesse,
    Des écrits de Rome et de Grèce
  Vous déroula les trésors précieux,
    Ce qu'a de plus délicieux,
    De plus sublime, de plus sage,
Le bon peuple qui vit l'aurore de votre âge.
Jugez d'après son goût, voyez d'après ses yeux.
Du sensible Antrobus, dont le cœur généreux
  Des bons François a mérité l'hommage,
  Payez l'amour, et remplissez les vœux :
  C'en est assez; je réponds du voyage.
Mais quand par le succès il sera couronné,
Parmi ces écrivains, vos compagnons fidèles,
    N'oubliez point votre Cicerone,
Et laissez le disciple auprès de ses modèles.
Mes Jardins, pleins des fleurs que dans nos parcs franço
Ma muse transplanta de vos jardins anglois,

# ÉPITRE.

Parmi tous ces écrits, charme de votre route,
Grace à votre amitié, vont vous suivre, sans doute;
Et, si j'en crois ce Gibbs, qui d'un si joli ton,
    Dans son élégante lecture,
    Récite avec affection
Ces vers sans art, dictés par la nature,
    Je le dis sans présomption,
Le succès assuré de votre heureux voyage
    Passera mon ambition,
    Et je prévois plus d'un suffrage
    Pour ma petite édition.

Encore un mot. Dans votre excursion
    Vous n'oublierez pas cette France
    Qui par le nombre et la vaillance,
    Son inépuisable opulence,
D'audacieux exploits, d'illustres attentats,
    A pesé sur tous les États.
Là, vous verrez encor l'idole de la France,
L'honneur, cette brillante et trompeuse monnoie

# ÉPITRE.

Qu'au bien public un esprit sage emploie,
Qui court de main en main, du noble au roturier,
Des princes aux sujets, du poëte au guerrier.
C'est l'honneur qui créa des ordres, des chapitres,
Mesure les égards sur les rangs, sur les titres;
Veut des plaisirs ou bruyants ou coûteux,
Du silence seul est honteux;
Moins empressé, moins ambitieux d'être,
Que jaloux de paroître,
Fait de l'orgueil la base du devoir;
Par des distinctions, des richesses se venge;
Commerce de respect, trafique de louange,
Les donne pour les recevoir;
Préfère aux vrais besoins l'or, le jaspe, et l'albâtre;
Cherche des spectateurs, et demande un théâtre;
Se montre pour briller, brille pour éblouir,
Et jouit en effet, s'il a l'air de jouir;
Flétri d'un rien, heureux de peu de chose,
Il marche fier des chaînes qu'il s'impose;
Pour lui, le plus superbe don

# ÉPITRE.

Est un coup d'œil du prince, un sourire, un cordon;
Même, avant ses quartiers, il compte ses services,
  Se pare de ses cicatrices;
Un brancard décoré de ses sanglants lambeaux,
Un trophée ennemi conquis dans les batailles,
Des grenadiers en pleurs suivant ses funérailles,
 Le flattent plus qu'un fastueux cercueil,
Les pompes de la mort, et le luxe du deuil;
Il aime l'héroïsme, abhorre la bassesse;
  En vain Plutus, entouré de trésors,
  Au dieu d'hymen ouvre ses coffres forts;
  Il veut pour dot, au lieu de la richesse,
  Un nom sans tache, un rang, et la sagesse;
Il est souvent l'espoir des peuples abattus,
L'aiguillon des talents, et l'ame des vertus.
Mais aussi qu'un grand choc ébranle un grand empire,
  L'honneur lui-même à sa perte conspire.
  L'opinion, simulacre du jour,
  L'opinion, divinité frivole,
  Entend sa voix; il commande, elle vole

# ÉPITRE.

De l'église au barreau, de la ville à la cour;
Poursuit delà les mers sa course vagabonde;
   Nègres et blancs s'arment en un clin d'œil;
      Le sang rougit la terre et l'onde;
     Les champs, les cités sont en deuil:
On est brouillon par mode et méchant par orgueil.
Malgré les changements qu'a subis ce théâtre,
Sur ce terrain mouvant, sous ce ciel orageux,
Vos yeux surpris verront la jeunesse folâtre
    Et l'alégresse opiniâtre
Recommencer ses bals, ses danses, et ses jeux,
   Que sa longue enfance idolâtre.


   Tel le voyageur curieux
     Qui d'un volcan horrible
   Vient observer l'explosion terrible,
Sur les bords du cratère, interroge en tremblant
   Les cavités de l'abyme brûlant,
    Les points d'où partit l'incendie,
     Où la lave s'est refroidie;

# ÉPITRE.

Mais, parmi ces monts menaçants,
Où dans les tourbillons de ses feux étouffants
Le gouffre ensevelit les mânes
De leurs femmes, de leurs enfants,
Bientôt il voit les bergers triomphants
Rétablir en chantant leurs antiques cabanes,
Y reconduire leurs troupeaux,
Reprendre leurs joyeux pipeaux;
Sur la terre encor mugissante,
Les gazons refleuris, la moisson renaissante;
L'industrie appelant les arts,
Les superbes cités relevant leurs remparts,
Les églises leurs tours, et les arbres leurs faîtes,
Et la nature en deuil, et la nature en fêtes.
Ainsi, d'un œil surpris, et des biens et des maux
Vous contemplerez les tableaux.
Par un moins bizarre assemblage,
Quelque pinceau capricieux
Sur un même visage,
Pour amuser nos yeux,

# ÉPITRE.

  Aux traits du rieur Démocrite,
Uniroit ceux du pleureur Héraclite ;
Et sur ses murs Voltaire auroit écrit :
  C'est Jean qui pleure, et Jean qui rit.
Sans cesse menacé par l'Océan qu'il brave,
Tel vous ne verrez point l'industrieux Batave :
Le travail, la sagesse, et toutes les vertus
   Entre leurs mains fidèles
Tiennent chez lui la clef du temple de Plutus.
Il respecte les lois et les mœurs paternelles ;
Dans son terrain conquis sur l'abyme des flots,
Doublement enrichi par la terre et les eaux,
 Il est frugal au sein de l'abondance ;
Hardi spéculateur, guidé par la prudence,
   Son industrie est son trésor,
   Son crédit est l'économie ;
 Dans l'avenir il rejette la vie ;
Seul il règne au milieu de ce monde amphibie,
Commande aux éléments, mais obéit à l'or ;
Fier de sa propreté, de sa simple élégance,

Son luxe est sans extravagance;
La seule utilité dirige ses projets;
Pour lui les prés ne sont que des pâtures,
Les chênes des sabords, et les pins des mâtures,
Les vents ne sont que des soufflets,
La mer un grand chemin, les vaisseaux des voitures.

Adieu, chers nourrissons de la riche Angleterre,
Je vous ai transportés de votre heureuse terre,
Du séjour chéri de vos rois,
De leurs simples palais, de leurs bosquets champêtres,
Ornés par les vertus de leurs augustes maîtres,
Où le pouvoir siège à côté des lois,
Au Louvre, où de Louis régnèrent les ancêtres;
À ces jardins célébrés tant de fois,
Embellis par les arts, dessinés par Le Nôtre,
Beaux lieux tout-à-coup envahis
Par un peuple qui fit son malheur et le nôtre.
Quand vous aurez visité mon pays,
Revenez promptement être heureux dans le vôtre.

# ÉPITRE.

Là tout doit charmer vos regards :
Ce pays est celui des arts,
Des vertus, des lois protectrices,
Qui d'un bonheur égal font jouir tout l'état,
Du roi, du peuple, et du sénat,
Inexorables bienfaitrices.
Revenez donc dans cet heureux séjour,
Présent à votre esprit, et cher à votre amour.
Plus on parcourt le reste de la terre,
Plus on apprend à chérir l'Angleterre.
Vers ces beaux lieux hâtez votre retour.
Ainsi la vagabonde et frileuse hirondelle,
Que loin des noirs frimas
Un printemps étranger appelle,
En de moins rigoureux climats,
Revient, aime à revoir, se plaît à reconnoître
Le champ qui la nourrit, le ciel qui la vit naître,
Et ces murs paternels et ces fragiles toits
Que son vol rasa tant de fois
D'une aile familière,

# ÉPITRE.

    Et la solive hospitalière
Qui soutenoit son nid. Là, de son doux berceau
Le duvet la reçut; là, de sa tendre mère
Le bec pour son repas lui portoit un morceau
    Ou de mouche, ou de vermisseau.
    Là, sa diligence attentive
    Dirigea son vol foible encor,
    Enhardit son aile craintive
    À prendre son premier essor;
Ce lieu, de son enfance ancien dépositaire,
Sera de ses neveux l'empire héréditaire;
Pères, mères, enfants, au printemps réunis,
Y viendront faire encore et l'amour et leurs nids.
    Revenu de ses incartades,
Le pélerin ailé fait à ses camarades
Des récits curieux, utiles, ou nouveaux,
Où sont les plus beaux grains et les plus belles eaux,
    Où chantent le mieux les oiseaux,
    Où sont leurs plus douces peuplades,
Où l'horrible vautour, où l'avide épervier

Troubla le moins ses douces promenades :
  Ce toit qui le vit essayer
Et son instinct novice et sa plume nouvelle,
  Qui jeune encor l'entendit bégayer
    La chanson paternelle,
Où la douce habitude en secret le rappelle,
  Seul peut lui plaire, et seul peut l'égayer;
    Et la plus riante charmille,
    Où, par la verdure séduit,
    Le peuple des oiseaux fourmille,
Plaît moins à ses regards que cet humble réduit
Et ces toits enfumés, berceau de sa famille.
    Aussi le zéphyr printanier
    En vain revient le convier
    À quitter sa poutre chérie;
Si long fut son exil! si douce est sa patrie!
Il partit vagabond, il revient casanier.
Ainsi le voyageur, que loin de son foyer
    Un instinct curieux exile,
    Avec transport retrouve son asile;

C'est là qu'il veut vivre et mourir. Pourquoi
Chercheroit-il encor les terres étrangères
Chez d'autres nations et sous une autre loi?

La défiance est mère de l'effroi :
Les changements de lieu ne nous profitent guères ;
On peut s'instruire ailleurs, on ne vit que chez soi.

# REMARQUES.

L'auteur de cette épître s'est proposé de la rendre utile aux voyageurs de tous les pays. Il a tâché d'y éviter toute espèce de partialité.

### PREMIÈRE.

Les pleurs du Christ.

L'auteur veut désigner ici le Lacryma Christi qu'on récolte sur le revers du Vésuve.

### DEUXIÈME.

Les vins pourris dans les fosses d'Espagne.

Vin *rancio*, dont le nom ne vient point de celui d'un lieu, mais du mot latin *rancidus*, parceque ce vin mûrit long-temps dans des puits creusés pour le recevoir.

### TROISIÈME.

N'est plus dans Rome, elle est dans mes cartons.

Ce vers est une parodie du vers fameux de la tragédie de Sertorius. L'auteur, dans ce passage, est bien loin de vouloir dégrader les dessinateurs, qu'il regarde comme les premiers maîtres des peintres.

### QUATRIÈME.

De Lucque et d'Aix va comparer les huiles.

On sait que les territoires d'Aix et de l'ancienne république de Lucque fournissent les meilleures huiles connues.

### CINQUIÈME.

Ma petite édition.

Un des enfants à qui cette épître a été adressée fut nommé dans la société *Pocket*, édition du poëme des Jardins, parcequ'il en récitoit plusieurs morceaux avec beaucoup d'esprit et de goût.

### SIXIÈME.

De mouche, ou de vermisseau.

Ce vers est de La Fontaine.

# ODE

## SUR UN CÈDRE

Planté en 1806, chez M. Micoud, à Clamart-
sous-Meudon.

———

Aglaure aimoit les lieux champêtres :
Elle-même les cultivoit ;
Souvent sous l'ombrage des hêtres
Tranquillement elle rêvoit.
Le jour, sans craindre pour ses charmes,
Ses intéressantes alarmes
La conduisoient de fleurs en fleurs :
Elle soignoit les jeunes plantes,
Et sauvoit des ardeurs brûlantes
Et leur parfum, et leurs couleurs.

## ODE.

Tantôt sa main, sous leur feuillage,
Conduisoit un jeune ruisseau,
Qui cachoit sous un roc sauvage
Le mystère de son berceau;
Tantôt, sur un arbre stérile,
Son art d'une tige fertile
Greffoit un tendre rejeton;
Et souvent sa vue attentive
Venoit de la plante adoptive
Épier le premier bouton.

Tantôt des roses surannées
Elle retranchoit les débris,
Et de leurs guirlandes fanées
Soulageoit leurs rameaux flétris :
Ainsi la sève vagabonde,
Suspendant sa source féconde,
Attendoit de plus heureux temps;
Et le suc, qui du sombre automne
Eût nourri la pâle couronne,
Réservoit ses dons au printemps.

# ODE.

Mais au jardin qu'elle décore
Manquoit un arbre précieux;
Un jour qu'elle erroit avec Flore,
Le hasard l'offrit à ses yeux :
Elle aime sa naissance illustre;
Il vint âgé d'un demi lustre
Des lieux où règne le turban;
Et sa famille souveraine
Long-temps a vu dans son domaine
L'antique sommet du Liban.

C'est cet arbre cher à la Bible,
Qui, jadis fécond en bienfaits,
Sur une poutre incorruptible
Portoit la voûte des palais;
Qui, chez une illustre sorcière
Brûlant durant la nuit entière,
Guidoit l'aiguille entre ses mains;
Et, dans une boîte odorante,
De la vermine dévorante
Sauvoit les poëtes romains.

## ODE.

Ce Cèdre, intéressant arbuste,
Géant futur, aujourd'hui nain,
N'est point encor l'arbre robuste
Qui s'ouvre le plus dur terrain :
Mais un jour, sous son front superbe,
Il verra ramper comme l'herbe,
Et nos chênes, et nos ormeaux;
Et de sa tige adolescente
Déjà la sève effervescente
Brûle d'abreuver ses rameaux.


Voilà celui qu'elle destine
A parer son jardin chéri ;
Enfant d'une race divine,
Il est déjà son favori :
Long-temps, dans l'abri qui l'enserre,
Son amie au fond d'une serre
Le laisse humblement végéter,
Attendant qu'un ciel favorable,
Dans le lieu le plus honorable,
L'invite un jour à le plante.

## ODE.

Elle voudroit, mais elle n'ose
Le retirer de sa prison :
Aux vents par degrés elle expose
Ce tendre et frêle nourisson.
Son amour timide ménage
L'essor craintif de son jeune âge,
Jusqu'au moment où, plus hardi,
L'arbre, croissant sous ses auspices,
Ornera ce lieu de délices
De son feuillage reverdi.

Elle y rêvoit; les Dieux le surent;
Soudain vers ces lieux enchantés,
Du fond de leurs bois accoururent
Les champêtres divinités :
Le cœur léger des Oréades,
Les Nymphes des eaux, les Dryades,
Hôtesses des jeunes ormeaux,
Vinrent fêter la jeune plante,
Et de leur troupe bondissante,
Environnèrent ses rameaux.

Le dieu Pan étoit à leur tête
Et, ses chalumeaux dans ses mains
Il conduisoit à cette fête
Et les Faunes, et les Sylvains:
Parmi tous ces dieux des campagnes
Et des forêts, et des montagnes,
On vit quelques-uns des grands dieux
Qui de leur demeure divine,
Venoient, à la plante enfantine,
Porter leurs bienfaits et leurs vœux.

Souvent la grandeur fière et dure,
Qui devoit être son soutien,
Dédaigne la foiblesse obscure;
Mais les dieux ne dédaignent rien:
Chacun, à la tige modeste
Apportant la faveur céleste,
Arrivoit d'un air triomphant,
Et partageant l'ardeur commune
Chacun, pour faire sa fortune,
Vouloit doter le jeune enfant.

## ODE.

Apollon dit : « Dans mon empire
» En cercle roulent les saisons ;
» Pour lui, j'en jure par ma lyre,
» Je tempérerai mes rayons :
» Dans la saison la plus ardente,
» Je veux qu'une sève abondante
» Aille nourrir ses frais boutons ;
» Et ma guirlande poétique,
» En dépit du laurier antique,
» Se formera de ses festons. »


« Moi, de la sève maternelle,
» Nul ne peut contester mes droits,
» J'alimenterai, dit Cybèle,
» Son tronc, son feuillage et son bois.
» Cette enceinte n'est plus profane ;
» Loin d'ici, s'écria Diane,
» La dent avide des troupeaux !
» Moi, dit une nymphe des ondes,
» De mes sources les plus fécondes,
» Je lui prodiguerai les eaux. »

## ODE.

A ces mots les Dieux applaudirent ;
Soudain deux oiseaux radieux,
Deux paons superbes descendirent,
Conduisant la Reine des dieux,
Qui dit : « Plante favorisée,
» Je te garantis la rosée ;
» Je suis la Déesse de l'air,
» Je commande aux célestes plages,
» Et je règne sur les nuages,
» Comme au trône de Jupiter. »


Du voluptueux Épicure
La charmante divinité,
Vénus, charme de la nature
Et modèle de la beauté,
Dit à son tour : « Dans Idalie
» J'ordonne qu'il se multiplie :
» Les myrtes en seront jaloux ;
» Mais je ferai tout pour Aglaure :
» C'est mon image qu'on implore,
» Lorsque l'on tombe à ses genoux. »

# ODE.

L'Amour vint aussi; dans le monde
Peu de choses se font sans lui;
Du vieux Nérée, au sein de l'onde,
Il venoit de charmer l'ennui:
« A cet arbuste, il en est digne,
» Chacun a fait un don insigne;
» Moi, dit l'Enfant porte-bandeau,
» Je lui fais présent du mystère :
» Qu'un jour pour la jeune bergère,
» Son ombrage soit un rideau.


» Je connois peu l'agriculture :
» Tous mes arts sont dans mon carquois;
» Jamais les fleurs, ni la verdure
» Ne prospérèrent sous mes loix :
» Tout au plus en passant je jette
» Le lys, l'œillet, la violette,
» La rose qui vit peu d'instans;
» A peine une nuit j'y repose :
» Un jour est un siècle de rose,
» Mais toi, tu verras cent printemps. »

## ODE.

Alors, rempli de confiance,
Je dis au Dieu puissant des bois :
De cet arbre soigne l'enfance :
Sur toi mes vœux ont quelques droits.
Les poètes te sont fidèles ;
Pour chanter les dieux et les belles,
Ils cherchent tes ombrages verds :
Leur calme profond les inspire ;
Là, se nourrit ce beau délire,
Source féconde des beaux vers.

Oh ! combien de riants prestiges
De ce délire sont sortis !
Partout j'en trouve les vestiges :
Le pin renferme encor Atys ;
Plus loin, couvertes de verdure
Et leurs rameaux pour chevelure,
Pleurent les sœurs de Phaéton :
Et, sur la montagne prochaine,
Ce vieux tilleul et ce vieux chêne
Cachent Baucis et Philémon.

# ODE.

L'Ausonie a vu son Orphée
Remplir tes bois d'enchantements ;
Et sa Muse, nouvelle fée,
Les peuple d'amours et d'amants.
Souvent même sa Muse épique
Quitte la trompette héroïque
Pour enfler tes pipeaux légers ;
Et la belliqueuse Herminie
De loin écoute l'harmonie
Du chant rustique des bergers.

Sois donc sensible à la demande
De ces poètes séducteurs ;
La nature te recommande
Tous ces aimables enchanteurs.
Partout ils sèment les miracles :
Dodone leur dut ses oracles ;
Leur fable embellit chaque lieu ;
Sans eux, la forêt est muette ;
Par eux, chaque arbre est la retraite
Ou d'une déesse ou d'un dieu.

## ODE.

Moi-même, enfin, de mes services
Je puis te demander le prix ;
Je t'ai délivré des caprices
D'un art tombé dans le mépris.
Par moi le saule de l'aurore,
Dans l'onde qui le vit éclore,
Trempe son feuillage pendant ;
Et le chêne, roi du bocage,
Dans toute sa pompe sauvage,
Relève un front indépendant.

J'appelai des rives lointaines,
Et j'acclimatai sur nos bords,
Ces plans dont nos monts et nos plaines
Ne connaissoient pas les trésors :
Ma Muse du fer téméraire
Sauva plus d'un tronc centenaire :
Leurs vieux abris sont mes bienfaits ;
Pour l'arbuste heureux que je chante,
Écoute donc ma voix touchante,
Et reçois les vœux que je fais.

## ODE.

« Eh bien ! tes vœux et ta demande,
» Me dit-il, ne seront pas vains ;
» Vénus le veut : je recommande
» Ce jeune cèdre à mes sylvains.
» Son Aglaure, autre enchanteresse,
» Pour cet arbuste s'intéresse,
» Et mon poète l'a chanté.
» Jeune arbre, ta cause est la mienne ;
» Il n'est rien que de moi n'obtienne
» La poésie et la beauté ».


Il dit : la brouette roulante,
Au lieu creusé pour son berceau,
Apporte avec la jeune plante,
Et l'onde fraîche et le terreau ;
La bêche en main, Aglaure même,
De l'heureux arbuste qu'elle aime
Prépare le frais reposoir :
Sur lui trois fois elle se penche,
Et sur lui par trois fois épanche
L'eau qui jaillit de l'arrosoir.

Alors, part un cri d'alégresse :
Un nuage emporte les Dieux ;
Mais l'arbre a reçu leur promesse ;
Lui-même reçoit nos adieux.
Bientôt sa feuille se déploie ;
Le sein de la terre avec joie
Semble alaiter son nourrisson ;
Et, nouvel hôte du bocage,
Au jeune arbuste de son âge
L'oiseau bégaie une chanson.


Ainsi ta tige complaisante,
Roi des arbres, après l'hiver
Rassemblera la foule errante
Des légers habitans de l'air :
Là, chaque jour leur troupe ailée
Prendra sa rapide volée ;
Mais tous n'ont pas les mêmes droits ;
Et, s'ils viennent te rendre hommage,
Préfère ceux dont le ramage
Charme le silence des bois.

## ODE.

Reçois la douce Philomèle,
Quand, pour se plaindre de ses maux,
Elle viendra, ployant son aile,
Se reposer sur tes rameaux.
Accueille la vive allouette;
Aux tendres fruits de la fauvette
Accorde l'hospitalité;
Mais bannis les oiseaux voraces,
Et de leur désolantes races
Que l'aigle seul soit excepté.

C'est sur ta tige impériale,
Chère à ce redoutable oiseau,
Que de sa famille royale
Il aime à placer le berceau :
Sa tête brave le tonnerre;
Il porte la foudre en sa serre;
Tu montes aux cieux, il fend l'air;
Et Rousseau, Malherbe et Pindare,
Sont fiers quand le goût les compare
Au noble oiseau de Jupiter.

## ODE.

Hélas ! si la grâce et la force
Ne s'enfuyoient bien loin de moi,
Je reviendrois sur ton écorce
Graver des vers dignes de toi :
Que puisse du moins ma vieillesse
Voir fleurir long-temps ta jeunesse ;
Et, si le fer vient l'outrager,
Si contre toi gronde l'orage,
Conserve encor, malgré sa rage,
Quelques rameaux pour m'ombrager.

Souviens-toi qu'à côté d'Aglaure,
Lorsque tu n'étois qu'arbrisseau,
Loin du lieu qui te vit éclore
Je creusai ton second berceau ;
Des soins donnés à ta jeunesse
Récompense un jour ma vieillesse,
Et que, sous tes feuillages verts,
Quelquefois ma Muse rustique
Puisse à ton ombre poétique,
Demander encor de beaux vers.

## ODE.

Pour relire le grand Homère,
Je chercherai ton frais abri;
Peut-être sur ta cime altière,
S'abattra son oiseau chéri :
Il déploîra ses vastes ailes,
L'arbre, ses ombres solennelles,
Le poète, ses vers pompeux :
Quand leur grandeur est réunie,
L'aigle, le cèdre, et le génie,
Sont un tableau digne des Dieux.

# ALLÉGORIE,

A M^me. Micoud et son Fils, jeune homme d'une grande espérance.

---

Un jour, en le voyant et si vert et si beau,
Le Dieu des bois disoit à ce jeune arbrisseau :
　　« Sans doute, quelque Hamadryade
　　« Du suc le plus pur t'a nourri ;
　» Ou de ces lieux la charmante Nayade
　　» A son arbuste favori
　» Prodigue son eau bienfaisante. »
　　— Non, dit la jeune plante ;
　Mais, en passant, Mélanie m'a souri.
　Son Hippolyte est de mon âge ;
Et, puisque tous les deux nous sommes son ouvrage,
Ses bienfaits généreux ne seront pas perdus :
　Nous lui rendrons tous deux un juste hommage,
　Moi, de mon ombre, et lui de ses vertus.

# NOUVELLE ÉPITRE

SUR

# LE LUXE.

---

Cause de tant de maux, fléau des mœurs publiques,
Le luxe laisse-t-il des vertus domestiques ?
Des amis ? Il faudroit s'aider dans ses besoins,
Et l'on auroit aux doigts quelques brillants de moins.
Des époux ? Comptant l'or qu'un vain faste demande,
Une bourse à la main l'intérêt les marchande,
Et d'un couple vénal fait deux infortunés
Par des entraves d'or l'un à l'autre enchaînés.

# ÉPITRE.

Des frères? D'un aîné le luxe nécessaire
Emprisonne la sœur et dépouille le frère.
Des enfants? O saints nœuds! nœuds jadis si puissants!
On a des héritiers; mais on n'a pas d'enfants.
Dans l'ardeur de briller, lassé qu'un père vive,
Et hâtant en secret sa dépouille tardive,
Dans leurs vœux criminels... Que dis-je? trop heureux
Si leurs barbares cœurs s'arrêtent à des vœux!
Nature! tu m'entends : tu connois tes injures,
Et mes mains frémiroient de rouvrir tes blessures.
Eh! peut-on trop pleurer ces temps, ces temps heureux,
Où contents de se voir, contents de vivre entre eux,
Près du même foyer, s'assembloient en famille,
Et l'époux et l'épouse, et la mère et la fille?
On s'aimoit; on avoit moins d'éclat, plus d'honneur,
Et moins de faux besoins et plus de vrai bonheur;
La mère, sans rougir, veilloit sur son ménage;
La fille s'occupoit de quelque utile ouvrage;
On ne dédaignoit pas de pétrir de sa main
Le gâteau savoureux, délice du festin :
Doux souvenirs! hélas! cette heureuse innocence

De son dernier rayon éclaira mon enfance.

Fatigué de Paris, de son brillant séjour,
Je revolois aux lieux où j'ai reçu le jour;
J'y croyois respirer; et, loin de l'imposture,
Y reposer mon cœur au sein de la Nature.
O surprise! en ces lieux je n'ai rien reconnu:
Au lieu du ton loyal, et du rire ingénu,
Du souper de voisins, où chaque bon convive
Portoit son mets frugal, et sa chanson naïve,
J'ai trouvé de grands airs, un luxe étudié,
Et l'ennui si mal feint du grand souper prié.

Que prouve, dira-t-on, cette folle satire?
Quand il faut discuter, est-il temps de médire?
Ces travers sont un bien: par eux des flots d'argent
Vont nourrir l'ouvrier, ranimer l'indigent.
Fort bien: de l'indigent les intérêts me touchent;
Des longs raisonnements les Muses s'effarouchent.
Raisonnons toutefois: je l'ai dit, j'en conviens,
Et le redis encor: Oui, le luxe est un bien,
Si, respectant les mœurs, si, réglé dans sa course,

# ÉPITRE.

Il fait refluer l'or vers sa première source.
L'astre du jour des flots que ses rayons ont bus
Dépose sur les monts les humides tributs ;
Leur cime les reçoit ; et bientôt des montagnes
Les réservoirs féconds les rendent aux campagnes :
Voilà d'un luxe heureux le fidèle tableau.
Mais le luxe souvent dégénère en fléau,
Prend aux extrémités, et ne rend pas de même :
C'est loin de lui qu'il cueille, et près de lui qu'il sème.
L'or, né dans les sillons des soins du laboureur,
Nourrit dans les cités l'orfévre et le doreur.
Le luxe est animé de tout talent frivole :
Voyez ce Lucullus, voluptueuse idole ;
Dans les douces vapeurs d'un superbe festin,
Sait-il gré des travaux qui lui donnent du pain ?
Bientôt il s'écrira, dans ses désirs stupides :
Fleuves ! ne baignez plus nos campagnes arides,
Mais de nos boulingrins arrosez les tapis ;
Terre ! enfante des fleurs, et garde tes épis.
Nous fourmillons de bras grossièrement utiles ;
Mais qui nous donnera des artisans habiles ?

# ÉPITRE.

La campagne a toujours assez d'agriculteurs ;
Mais si l'Etat n'y songe, on manque de chanteurs.

En contemplant Paris, le stupide vulgaire
Dit : Combien d'opulence ! et moi : Que de misère !
Dans le pompeux festin d'un gourmand renommé
Je vois plus d'un hameau de besoin consumé ;
Dans les palais dorés de quelques courtisanes,
Je pleure les débris de vingt mille cabanes :
Partout l'éclat d'un seul fait mille malheureux.

Du moins si le bonheur suivoit ce droit affreux !
Mais, las du superflu, privé du nécessaire,
L'un languit de dégoût, l'autre meurt de misère.
O grands ! de la Nature entendez-vous la voix ?
Tous mes enfants, dit-elle, avoient les mêmes droits :
Mais je veux bien des rangs respecter la barrière ;
Je ne réclame plus l'égalité première ;
Enfants favorisés, c'est à vous de choisir :
Prenez pour vous les biens, la gloire, le plaisir ;
Aux mépris, aux travaux abandonnez vos frères !
Peut-être, je saurai, sensible à leurs misères,

Par des trésors plus vrais, par des plaisirs plus doux,
Dédommager leur vie, et les venger de vous.
Qu'ils vivent seulement; et, pour prix de leur peine,
Qu'ils puissent, après vous, glaner dans leur domaine.

Que dis-je ? au sein du luxe est-on sensible encor?
L'épais Mondor parloit de l'emploi de son or;
Tant pour des soupers fins, et des feux d'artifices;
Pour frais de loges, tant, et tant pour les coulisses.
Et pour les malheureux, lui dit-on? pour cela,
Il l'avoit oublié: le luxe, le voilà.
Quant on a tout payé, chevaux, bijoux, maîtresses,
Reste-t-il rien à perdre en obscures largesses?

Qui borne ses besoins, soulage ceux d'autrui,
Et riche pour le pauvre, il est pauvre pour lui.
Du moins, s'il ne formoit que des riches avares!
Mais le luxe souvent fait des brigands barbares.
Lorsque le grand Caton, chez un peuple allié,
Sans faste, sans éclat, arrivoit seul, à pié;
Partout devant ses pas voloit la confiance;
Mais lorsque d'un Verrès, la sinistre impudence

# ÉPITRE.

Entraînoit à sa suite un troupeau de flatteurs,
De femmes, d'histrions, de mimes, de danseurs;
Tout un peuple trembloit des besoins d'un seul homme,
Impôt le plus affreux dont pût l'accabler Rome.

A qui rien ne suffit, rien aussi n'est honteux.
A qui sont ces grands parcs et ces châteaux pompeux?
Seroit-ce aux descendants de nos pairs, de nos princes?
Non; l'un au nom du Roi ravage nos provinces,
L'autre, qui s'enrichit par d'utiles forfaits,
Fit par son brigandage abhorrer les Français....
Justice, probité, talents, honneurs, vertu,
Chimères du vieux temps, nos aïeux en ont eu;
C'étoit l'usage alors: un honnête homme en France
N'a plus besoin de mœurs qu'au défaut de dépense;
Ce chemin est plus court: ses chevaux, ses coureurs,
Lui valent des talents, lui tiennent lieu de mœurs;
Des devoirs les plus saints son cuisinier l'acquitte;
Et Zaïde à crédit lui vend son mérite.

Juvénal s'étonnoit que l'on n'eût point encor
Bâti chez les Romains un temple au Dieu de l'or.

Le luxe parmi nous, vil enfant des richesses,
A ses temples, son culte, et surtout ses prêtresses ;
Et ce Dieu chaque jour nous dicte par leur voix
Ses oracles changeants et ses mobiles loix.

Etonnons-nous encor qu'en faveur des richesses
On dispute d'audace, on lutte de bassesses !...
L'émulation gagne et parcourt tous les rangs :
Vois ce traitant futur, commis à mille francs ;
Des chefs de son bureau s'il entend l'équipage,
Il s'éveille ; il se dit, jaloux de leur partage :
On coudoie un mortel platement vertueux ;
Mais du peuple ébahi les flots respectueux
S'ouvrent au parvenu dont l'insolente roue
L'écrase contre un mur ou l'étend dans la boue ;
Il faut traîner à pied la triste probité,
Ou dans un char brillant placer l'iniquité.
Mon choix est fait ; je veux mériter la fortune.
Oui, sans doute ; va, chasse une honte importune ;
Va, cours t'associer à des voleurs puissants ;
Dépouille les petits, sers les plaisirs des grands ;
Souillé, pour t'enrichir, de vingt mille homicides,

Fais regorger de bleds tes magasins avides.
Mais ne sois ni fripon, ni cruel à moitié :
Pour les demi-brigands les lois sont sans pitié ;
Et s'il falloit un jour assoupir leur vengeance,
A force de forfaits achète l'innocence.

D'un rang plus élevé te peindrai-je les mœurs ?
Est-ce pour obtenir des titres, des honneurs ?
L'extrême ignominie est près du faste extrême :
Qui veut tout acheter se vend bientôt lui-même.
Samnite, avec ton or, hélas ! que prétends-tu ?
Tu veux de Curius séduire la vertu !
Qu'importent tes trésors et tes présents superbes
A qui suffit son champ, sa cabane et ses herbes ?
Attends, attends qu'un jour parmi ces fiers Romains,
Des jardins sur les mers, des mers dans leurs jardins,
Les candélabres d'or, et les vastes portiques,
Et le jaspe éclatant dans les bains magnifiques,
Deviennent des besoins et leur donnent la loi ;
Et Rome, et son sénat, et son peuple est à toi.
Jugurtha le disoit. Eh bien ! quelles lois sages
Peuvent dompter le luxe et borner ses ravages ?

# ÉPITRE

Des lois! sans doute on peut contenir par ce fr
Ou les bourgeois de Lucque, ou ceux de Saint-Marin ;
Mais, dans un grand État ressource infructueuse !
Pareil à ce torrent dont l'onde impétueuse
Entraîne et nos moissons et sa digue à la fois,
Le luxe avec les mœurs entraîneroit les lois.
Le frein le plus puissant, ô Rois! c'est votre exemple :
Prêt à vous imiter, l'Univers vous contemple.

# A SAINT-ANGE,

Sur l'Envoi de sa Traduction des *Métamorphoses* (1).

---

Que tu rends bien ce chantre ingénieux,
Qui d'un style brillant, facile, harmonieux,
Nous raconte si bien l'origine des choses,
    Leurs effets et leurs causes,
Tous ces enchantements, ces miracles divers,
Dont la fable autrefois embellit l'univers;
Sur un ruisseau, qui fait son charme et son supplice,
    Courbe le crédule Narcisse,

(1) Voyez plus loin, pag. 133.

## A SAINT-ANGE.

Qui, dans ce frais et limpide miroir,
Voit flotter son image et se plaît à se voir;
Du malheureux Atys, du triste Cyparisse,
  Change les bras en rameaux verds;
Sur les feuilles d'un lys, avec grâce dépose
Le nom de cet Ajax fameux par ses revers;
Teint du sang d'Adonis la pourpre d'une rose;
 Des beaux cheveux de la jeune Daphné,
  Adroitement compose
La guirlande du dieu qui de ses pleurs arrose
Les festons verdoyans dont il est couronné!
  Quand il raconte ces prestiges,
Son poëme est pour nous le premier des prodiges :
Il peuple, en se jouant, l'air, la terre et les mers.
  Son ame, empreinte dans tes vers,
 Me feroit croire à la métempsycose;
  Et ta brillante version,
  Est, je le dis sans fiction,
  Sa plus belle métamorphose.

# A SAINT-ANGE.

(1) Quelques années avant la publication de sa traduction des Métamorphes, Saint-Ange écrivit à Delille une lettre que le lecteur sera sans doute bien aise de trouver ici.

« Je vous imite de loin, mon cher maître, et du mieux que
» je peux. Je vis avec les anciens. Je cultive ce bel art de la poé-
» sie, qui a fait les délices et la gloire du siècle de Louis XIV,
» et dont nous semblons avoir perdu le goût, pour nous livrer
» à l'*insurgence* la plus violente. Je ne lis point les pamphlets
» politiques dont on nous accable. Je préfère à tous ces écrits
» une fable de *La Fontaine*, une ode ou une épigramme de
» *Rousseau*, que je lis souvent et que j'admire toujours, malgré
» le veto de *Quintilien-Laharpe*. Le régime des chansons et de
» l'épigramme, sied mieux aux Français que celui de la poli-
» tique et des troubles civils. Je travaille toujours à *Ovide*. J'a-
» chève le sixième livre. Je viens de métamorphoser *Itys* en
» faisan, et je voudrois savoir sur cela votre goût : du reste,
» il ne tiendra qu'à vous de nous régaler d'un meilleur; car
» je compte dîner avec vous, et je ne viendrai pas seul.

>Mon beau-père à venir s'apprête,
>Qui, pour tracer CHARLES MARTEL,
>S'est mis jadis martel en tête,
>Et qui sait encore au pastel

Esquisser des tableaux de fête.
Il fait des sophas et des vers;
Mais il n'y met point de chevilles
De ce menuisier de Nevers,
Dont on vante, à tort, à travers,
Quelques poétiques vétilles.
Il sait joindre à l'art de plisser
Le velours, le pékin, la moire,
Celui d'écrire et de penser,
Et pourroit un jour tapisser
Les murs du *Temple de Mémoire.*

» Il ne lui faudroit, pour cela, que meubler votre *Muséum;*
» il le visitera du moins. Vous nous verserez de ce nectar que
» vous savez. Nous boirons à l'amitié, aux beaux vers, et nous
» narguerons, le verre à la main, ce censeur qui a supputé
» avec génie combien de fois ce mot de *nectar* se trouve em-
» ployé dans vos GÉORGIQUES. Plaignons ces misérables gour-
» mets pour qui l'ambroisie n'est que de la piquette. Pour moi,
» qui sais au moins sentir et goûter le bon, je vous demanderai
» quelques prémices de ce beau poëme de l'Imagination auquel
» vous travaillez, et qui doit mettre le sceau à votre gloire, et
» soutenir celle du siècle. Tout vous invite à couronner ce bel
» œuvre. Vous êtes fêté des auteurs et des belles, des courti-

» sans et des banquiers. Ces épais *Mondors* qui faisoient vanité
» de ne savoir lire que dans des lettres-de-change, se piquent
» de lire et de goûter vos vers. Jouissez d'un privilége si rare,
» qui n'a jamais appartenu qu'à vous. Si le talent des vers ne
» m'a pas fait beaucoup de réputation, il m'a fait encore
» moins de profit; et si je n'avois pour les lettres cet amour
» pur, dont les quiétistes faisoient profession en matière de
» religion, et dont *Fénélon* fut l'apôtre et la victime, il y a
» long-temps que j'aurois dû suivre ce précepte de JUVÉNAL :

*Frange, miser, calamos,* etc.

» Je sens tout l'embarras d'une position gênée. Pourquoi le
» dissimuler? Mais je trouve dans mon travail une première ré-
» compense. Je fais en sorte de pouvoir dire, comme le Créa-
» teur dans la Genèse : *Et vidit quod esset bonum*; car vous le
» savez mieux que personne :

*Est deus in nobis ; agitante calescimus illo.*

» Enfin, pour me consoler des chagrins et des persécutions,
» je m'écrie quelquefois :

Eh! quel écrivain, dans sa vie

Haï, raillé, calomnié,

Trop souvent n'eût sacrifié

La célébrité du génie

# A SAINT-ANGE.

A la douceur d'être oublié.
L'*Homère* de la *Henriade*
A vu des Français, trop ingrats,
S'obstiner à ne vouloir pas
Que la France eût son Iliade.
Le philosophe Genevois
Soixante ans eut la lèvre imbue
Des poisons de cette ciguë
Que *Socrate* but autrefois ;
Banni des rives de la Seine,
N'a-t-on pas vu l'autre *Rousseau*
Mourir victime de la haine
Qui le poursuit jusqu'au tombeau ?

» Il entre beaucoup trop de vanité dans ces réflexions chagri-
» nes et si peu faites pour vous. Mais il y a des occasions où
» l'amour-propre est le seul remède au découragement. Et alors
» qui pourroit le blâmer ? Je sais bien qui..... Mais ce ne sera
» pas vous. Adieu, mon illustre maître, je vous salue de cœur
» et d'esprit, en *Ovide* et en *Virgile*. »

# TABLE MÉTHODIQUE ET ANALYTIQUE DES ŒUVRES DE J. DELILLE.

EXPLICATION DES SIGNES ET ABRÉVIATIONS.

G. de V. signifie *Géorgiques de Virgile;*
Jard. . . . . . *Les Jardins;*
Im. . . . . . *L'Imagination;*
3 R. . . . . . *Les Trois Règnes;*
En. . . . . . *L'Énéide;*
Par. p. . . . *Le Paradis perdu;*
L'H. des Ch. . *L'Homme des Champs.*
Pit. . . . . . *La Pitié;*
Not. . . . . . *Notes.*
Pr. ou Préf . . *Préface.*
Rem. d'Ad. . . *Remarques d'Addison.*
Conv. . . . . *La Conversation.*
P. f. . . . . . *Poésies fugitives.*
a. . . . . . . 1$^{re}$. *Ed. in-18 de l'Imagin.*
b. . . . . . . 2$^{e}$. *Ed. in-18 et in-8º.*
Le trait—veut dire *jusqu'à* ; par ex. 1—3.

( Les numéros des pages de cette Table se rapportent à la dernière de nos éditions de chaque ouvrage. Les lecteurs qui voudraient la consulter pour les éditions précédentes, s'ils ne trouvent ces renvois exacts, quant aux numéros des pages de chaque volume, sont assurés de les trouver tels pour les numéros des chants de chaque poëme.)

## A.

Abdiel répond avec courage à Satan, lui reproche sa trahison et l'abandonne, Par. p. l. v, p. 298-302; retourne vers le Très-Haut, l. vi, p. 7-8; provoque Satan; son triomphe, p. 13-6.

Abdolonyme, issu d'un sang royal; son bonheur dans sa demeure champêtre; créé roi de Tyr par Alexandre, accepte le trône à regret, Jard. ch. iv, p. 159-69.

Abeilles (les), G. de V. l. iv, p. 309; doivent être placées à portée d'une source, près des fleurs, p. 311-3; leurs ennemis, p. 309, 13-29, not. p. 358-65; leurs combats, p. 315-7, not. p. 65-7; ce qui distingue les rois, p. 317; partage des travaux; leurs mœurs, p. 323-7, not. p. 373-90, 3 R. ch. vii, p. 162-4, not. p. 216—8; précautions à prendre, G. de V. p. 311-3, 29, not. p. 361-5; leurs essaims, p. 313-5, not. p. 362-5; mode de reproduction, p. 325-7; réfutation, de cette opinion, not. p. 385-9; signes de douleur, leurs maux, p. 329-331, not. p. 395; aliments propres à les rétablir, p. 331-3; moyen de réparer la perte des essaims, p. 333-5; moyens de prévenir les dangers de l'hiver, d'arrêter leurs ennemis, et de réparer les pertes, p. 329 — 331, not. p. 391-6. Aceste reçoit les Troyens en Sicile, En. l. v, p. 139; presse Entelle de combattre Darès, p. 175; dispute le prix du Javelot, et son trait s'enflamme en l'air, p. 189; c'est à la pitié que les Troyens doivent l'accueil qu'il leur fait fait, Pit. ch. iv, p. 144-5.

Achate, confident d'Enée, l'accompagne à la chasse, En. l. 1, p. 93, et à Carthage, p. 121; va chercher Ascagne, p. 125; descend avec Enée aux enfers, l. 6, p. 259—269; l'accompagne chez Evandre, l. viii, p. 159—71; revient au camp, p. 185; est blessé, l. x, p. 45; se signale, l. xii, p. 325.

Achéloüs (Episode d'); son combat avec Hercule, l'H. des Ch. ch. ii, p. 94-5.

Achéménide, compagnon d'Ulysse, dans l'île des Cyclopes, ses malheurs ; sauvé par les Troyens, En. l. iii, p. 369-77.

Adam parle à Eve des bienfaits de Dieu envers eux, et de la fidélité qu'ils lui doivent, Par. p. l. iv, t. i, p. 222-4; explique à Eve l'usage des astres, p. 235-7; rassure Eve contre les terreurs qu'un rêve lui a causées, l. v. p. 267-8; invite Raphaël à partager leur repas, p. 279—80 ; le prie de lui faire le récit de la création, l. vii, p. 60-2 ; fait à Raphaël des questions sur les mouvements des corps célestes, l. VIII, p. 100—1 ; lui raconte l'histoire de sa création, de celle d'Eve, lui peint ses émotions en voyant sa compagne, p. 111-24 ; s'oppose à ce qu'Eve s'éloigne de lui, l. IX, p. 150-3 ; cède à regret à ses désirs, p. 154—7 ; son épouvante et sa douleur, en voyant Eve coupable, p. 183—4 ; lui déclare qu'il partagera son sort, et mange du fruit, p. 185-9 ; son désespoir, ses plaintes, ses regrets, ses remords, l. X, p. 243—9 ; repousse Eve et l'accable d'invectives, p. 249—51 ; désarmé par ses larmes, il lui déclare qu'il veut partager son sort, la console, et l'engage à se joindre à lui pour apaiser la colère du Très-Haut, p. 256—9 ; fait remarquer à Eve la colère céleste dans le changement des mœurs des animaux, l. II, p. 277—9 ; son inquiétude en voyant venir Michel, p. 279-81 ; sa douleur, sa résignation, ses regrets, p. 283-5 ; découvre du haut d'une montagne les événements qui auront lieu jusqu'au déluge ; ses différentes sensations pendant ce récit, p. 287 -312 ; horreur que la mort lui inspire, p. 292-3 ; sa confiance en Dieu, et sa résignation, l. XII, p. 345-6.

Ages (les quatre), Im. ch. VI, a. p. 80, b. p. 84.

Agriculteur ( tableau du bonheur d'un ), G. de V. l. iv, p. 319. —21.

Agriculture (l'); combien elle étoit honorée chez les Romains, G. de V. Disc. prél. p. 8.

Aigle (l') comparé avec le lion, 3 R. ch. viii, p. 246, not. p. 274 —6.

Aigremont (Vers à M. d') sur la goutte, P. f. p. 275.

Aimable ( l'Homme ); son portrait, Conv. ch. iii, p. 145 et suiv. not. p. 230— 1; défauts qu'il sait éviter, p. 148; sa politesse opposée à l'égoïsme, p. 166-8; variété de sa conversation, p. 168-70.

Aimant (l'); ses propriétés, 3 R. ch. iv, p. 276, not. p. 307 —9.

Air (l'), composé de 2 fluides, 3 R. ch. ii, p. 114; sa décomposition par Lavoisier, not. p. 143-4; il est nécessaire à la végétation, p. 114, not. p. 147—8; ses fonctions, not. p. 147—54; effets et illusions qu'il produit, p. 116-8, not. p. 154 -61; sa pesanteur, p. 119; son élasticité, p. 122, not. p. 174-6; désastres causés par lui, p. 135-9; nous lui devons les jouissances de la musique, p. 139.

Aire (l'); manière de la préparer, G. de V. l. i, p. 71.

Albemarle ( le duc d' ); mot de cet homme célèbre à sa maîtresse, Im. ch. iv, not. a. p. 303, b. p. 285.

Albertas ( d' ); son magnifique jardin à Gemenos, l'H. des Ch. ch. 11, not. p. 194.

Alecton, envoyée par Junon, jette un serpent dans le sein d'Amate, En. l. VII, p. 41—3; pénètre Turnus de jalousie et de rage, p. 49—53; pousse la meute d'Ascagne contre un cerf apprivoisé par un homme du pays, p. 55-7; excite les habitants contre les Troyens, p. 59; raconte ses succès à Junon, et retourne aux enfers, p. 61-5.

Alexandre fait Abdolonyme roi de Tyr, Jard. ch. IV, p. 164-9.

Alexandre, empereur de Russie; son éloge; Il embrassera et soutiendra la cause de Louis XVIII, Pit. ch. IV, p. 168-9.

Allées (les), comment elles doivent être tracées; éviter la régularité et l'abus de la variété, Jard. ch. IV, p. 132-5; les détours et replis doivent être motivés, p. 135.

Allégorie (l'); elle rapproche des objets de différens règnes, Im. ch. 1. a. p. 59, b. p. 65.

Amandier (l') indique si l'été sera chaud ou froid, G. de V. l. 1, p. 71.

Amate cherche en vain à faire changer Latinus de résolution, et voue sa fille à Bacchus, En. l. VII, p. 41-9; implore le secours des Dieux, l. XI, p. 193-5; conjure Turnu d'éviter le combat

l. xii, p. 281; voyant Laurente assiégée, se donne la mort, l. xii, p. 339.

Ambition ( l' ); combien ses jouissances sont fugitives et insuffisantes, Im. ch. vi, a. p. 109, b. p. 115.

Ame ( sur l'immortalité de l' ); dithyrambe, P. f. p. 363 et suiv. Im. ch. 3, not. a. p. 235, b. p. 224.

Ame ( l' ) universelle, En. l. vi, p. 323 —7.

Amour ( l' ); sa puissance est ressentie par tous les êtres vivants, G. de V. l. iii, p. 245—9; 3 R. ch. viii, p. 234—7; peinture de cette passion, Im. ch. ii, a. p. 136, b. p. 135; aliénation et illusions produites par les pertes de l'amour, a. p. 142, b. p. 140.

Amour ( l' ) mystique; exaltation de ce sentiment et ses effets, Im. ch. 1. a. p. 56, b. p. 57.

Amphibies (les); passage des Quadrupèdes aux Cétacés, l'H. des Ch. ch. iii, p. 131, not. p. 230-1.

Anchise refuse de fuir, En. l. ii, p. 247-9; un prodige l'y décide, p. 251; il explique le sens des paroles d'Apollon, l. iii, p. 321; sa mort, p. 381-3; apparaît à Énée, et lui annonce que Jupiter lui ordonne de descendre aux enfers, l. v, p. 207; revoit Énée, l. vi, p. 319-21; lui montre ses descendants et lui révèle les destinées de Rome, p. 327 et suiv.

Andromaque ; récit de ses malheurs à Enée, En. l. III, p. 341—43, ses présens à Ascagne, p. 357.

Ane (l'), son portrait et son éloge, 3 R. ch. VIII, p. 243—5, not. p. 274.

Anges (les) chantent les louanges de l'Eternel et de son fils, Par. p. l. III, p. 176-9, l. VII, p. 65, 9, 85-6, 87-9; marchent contre les rebelles, l. VI, p. 9—10; leur premier triomphe, p. 21—5; l'artillerie de Satan leur fait éprouver des pertes immenses, p. 34—6 ; ceux qui gardaient le Paradis, retournent au ciel après la désobéissance d'Adam et d'Eve, l. X, p. 212—3 ; Par ordre de Dieu, ils bouleversent les saisons et l'ordre établi dans les cieux et sur la terre, p. 241—3.

Anges (les) rebelles se réveillent à la voix de Satan, Par. p. l. I. p. 69—70; leurs chefs, p. 71—8 ; leur courage ranimé, p. 78—80; leur nombre prodigieux, p. 80—1; leurs jeux après la séance du Pandémonium ; leurs tourmens, l. II, p. 121—6 ; leur inquiétude causée par la longue absence de leur roi, l. X, p. 231—2; changés en serpens, p. 235; mangent du fruit de l'arbre de vie, qui les trompe par son amertume, p. 237-8; leur armée défaite,

l. vi, p. 25-6; préparent l'artillerie, p. 31; triomphent un moment, p. 34—5; vaincus à leur tour, p. 36, rétablissent le combat, p. 36-7; écrasés par Jésus, p. 45—7.

Angleterre (l'), avec quelle générosité elle a accueilli les émigrés français, Pit. ch. iv, p. 147—9; son éloge; conseils, que le poëte lui adresse, p. 149-50.

Animaux ( les ); anomalies et phénomènes inexplicables qu'ils présentent, 3 R. ch. vii, p. 134-6, not. p. 186—9; leur organisation, p. 137-9; leur instinct, p. 141-6, not. p. 197-201; variété dans leurs formes, p. 146-7; chacun d'eux a sa patrie et son climat, p. 148-9, not. p. 202—4; moyens différens qu'ils emploient pour la conservation des espèces, p. 150—52; leur amour pour leurs petits, p. 150 et suiv. dans les fermes, ils demandent des soins, mais sans luxe, Jard. ch. iv, p. 144—5; on ne doit acclimater les étrangers qu'avec choix et précaution, l'H. des Ch. ch. ii. p. 79-80; il faut étudier leurs différentes familles sous le rapport des mœurs et de l'utilité, ch. iii, p. 128; avec quel art Buffon a su les peindre, ch. iv, p. 154; il ne faut pas exagérer la pitié qu'ils doivent inspirer, Pit. ch. i, p. 29-31, mais dispenser avec sagesse les soins et les châtimens, p. 31—4; Hogarth les a vengés, p. 34, not. p. 174.

Apollon modère l'ardeur d'Ascagne, En. l. IX, p. 299—301.

Apollon (l') du Belvédère, Im. ch. v. a. p. 13, b. p. 12.

Apologue (l') perfectionné par La Fontaine, Im. ch. v, a. p. 32, b. p. 31.

A propos (l'); sa naissance, par Rhulière, Im. ch. III, not. a. p. 228, b. p. 213.

Aqueduc ancien, fesant partie du canal du Languedoc, ouvrage de moines ou de gentilshommes, l'H. des Ch. ch. II, not. p. 195.

Araignée (l'); son adresse, son instinct, 3 R. ch. VIII, p. 252—3, not. p. 278—9.

Arbres, différentes manières de les propager, G. de V. l. II, p. 141—7; ils changent selon le sol, p. 147-9; terrains qui conviennent à chacun, p. 149-61; dans les jard., ils doivent être tantôt isolés, tantôt groupés, Jard. ch. II, p. 65-8; pour les réunir, il faut consulter les formes qui se conviennent, p. 79; ils ne doivent cacher aucun des tableaux champêtres, p. 90-1; il faut introduire ceux des pays étrangers, qui conviennent au climat, l'H. des Ch. ch. II, p. 76—7, mais avec ménagement et peu à peu, p. 77—8.

Arbrisseaux; art de multiplier les jouissances qu'ils procurent, Jard., ch. II, p. 81—6.

Arc-en-ciel (l') expliqué, 3 R. ch. II, not. p. 158—61.

Architecture (l'), élevée par Mich.-Ange, au plus haut point de perfection, Im. ch. v, a. p. 22, b. p. 21.

Arioste (l'), fils du goût et de la folie, Im. ch. v, a. p. 40, b. p. 38.

Aristée ayant perdu ses abeilles, implore le secours de sa mère, G. de V. l. IV, p. 335; force Protée à l'aider de ses conseils, p. 345-7; recouvre ses abeilles, p. 355.

Armistice entre les Troyens et les Latins pour inhumer leurs morts, En. l. XI, p. 159—61.

Artillerie, (l') inventée par Satan, fait essuyer de grandes pertes aux bons Anges, Par. p. l. 6, p. 29-35.

Artois (hommage du poëte au Comte d'), Jard. ch. I, p. 33-4; Pit. ch. IV, p. 166—8, not. p. 243.

Arts (les), leur origine, G. de V. l. I, p. 65-9.

Arts (les) usuels et d'agrément, inventés successivement, Im. ch. v, a. p. 49, b. p. 46.

Arts (les beaux) amis de l'H. des Ch. l'H. des Ch. ch. I, p. 47—9.

Arts et lettres; ressources qu'ils procurent, P. f. p. 152 et suiv.

Arts mécaniques (les); avantages qu'ils procurent à la société, P. f. p. 163 et suiv.

Aruns; sa prière à Apollon, En. l. xi, p. 227; tue Camille par surprise, p. 229; tué par Opis, p. 233.

Ascagne enlevé par Vénus, En., l. i, p. 131; prodige qui parait sur sa tête, l. ii, p. 251-53; il suit son père, p. 255; se distingue aux courses de chevaux, l. v., p. 193-5; arrête l'incendie de la flotte, p. 201; annonce l'accomplissement d'un Oracle, l. vii, p. 19; blesse le cerf de Tirrhée, p. 57; soutient un combat contre les habitants du pays, p. 61-5; perce d'une flèche Numanus, qui insultait les Troyens, l. ix, p. 297-9; se retire par ordre d'Apollon, p. 299-301; se signale de nouveau, l. x, p. 23.

Aspasie; tableau de son Salon, Conv. Prol. p. 43—7.

Astaroth, chef d'anges rebelles, Par. p. l. 1, p. 73.

Asthoret, ange rebelle, Par. p. l. 1, p. 74.

Attraction (l'), opposée au feu, 3 R. ch. i, p. 53, not. p. 102—8.

Aurores boréales; leurs effets magiques, expliqués par Mairan, 3 R. ch. i, p. 46 et suiv. not. p. 84—91.

Auteur (l') tombé; son indignation, ses espérances, Conv. ch. i, p. 54—57.

Avalanches (les); leurs effets désastreux, l'H. des Ch. ch. iii, p. 123-4.

Avare (l'), Conv. ch. ii, p. 139-42.

## B.

B. (Vers à la comtesse de), sur son jardin, P. f. p. 231—2.

Baal, ange rebelle Par. p. l. 1, p. 73 4—.

Babillard, (le) turbulent et étourdi, Conv. ch. 11, p. 112, not. p. 219—20, ch. 111, p. 237—9.

Baie; ses délices, Im. ch. 1v, a. p. 251; b. p. 238; not. a. p. 296; b. p. 279.

Baïf, auteur du 1er. dithyrambe, P. f. p. 366-7.

Bains, 3 R. ch. 111 p. 198, partie du harem de Constantinople, Im. ch. 1v, a. p. 311-4, b. p. 393-5.

Baleine (la); son combat avec l'Espadon, 3 R. ch. v11, p. 172—3.

Barry (Mad. du), seule dément le courage de son sexe, Pit. ch. 111, p. 123, not. p. 226—7.

Batailles (les), d'Homère, de Virgile et du Tasse, des anciens et des modernes, En. l. 1x, p. 334—7; l. x, p. 123—6; 35—6; l. x11, not. p. 386-9; 399.

Bâtiments; ceux qu'on peut admettre dans les jardins, Jard. ch. 1v, p. 140—50; consulter, pour les placer, leurs caractères respectifs, p. 148-50.

Bavard (portrait du); son désespoir, quand une lecture de salon se prépare, Conv. ch. 1, p. 65—70, et anecdotes à ce sujet, not. p. 201-4; son habileté à s'emparer de la conversation, p. 70 et suiv. son talent inépuisable pour dire des riens, ch. III, not. p. 234—5.

Beauté (la); son règne s'étend sur toute la nature, Im. ch. v, a. p. 7, b. p. 7; son influence chez les Grecs, Im. ch. v, b. p. 52; mais c'est dans les cieux que l'Imagination la fait voir dans tout son éclat, a. p. 13, b. p. 13.

Bélial parle contre la guerre, Par. p. l. II, p. 103—9.

Bélisaire demandant l'aumône, Im. ch. I, a. p. 61-67, b. p. 99; l'histoire ne fait point mention de cette circonstance, not. a. p. 96, b. p. 99.

Belozosky (Vers au Comte), P. f. p. 273.

Belzébuth; sa réponse à Satan, Par. p. l. I, p. 60—1; propose d'envoyer reconnaître le nouveau monde, dont l'existence est annoncée, l. II, p. 113—8.

Bertrand — Moleville (de); son histoire de la révolution, Pit., ch. III, not p. 215.

Bienfaisance (à la) Ode, P. f. p. 234-41.

Bienne (description du lac de), Pit. ch. IV, p. 150, not. p. 235—7.

Blenheim (description des jardins de), Jard. ch. I, p. 59—64.

Bois et Bocages; variété dans leur disposition, Jard. ch. II,

p. 68; le poëte conseille d'y recueillir des anachorètes, p. 69-72; éviter l'uniformité, p. 73—4.

Bonnet, auteur de découvertes étonnantes, et ses expériences, 3 R. ch. vii, not. p. 186, 9, ch. viii, not. p. 280-1.

Bossuet a du rapport avec Homère, Im. ch. v, a. p. 34, b. p. 33, not. b. p. 75.

Botany-Bay; utilité de cet établissement, Pit. ch. ii, p. 61-2, not. p. 182—5.

Bouc (le), prix des jeux chez les Grecs et les Romains, G. de V. l. ii, p. 173.

Bouclier d'Enée, sa description, En. l. viii, p. 189—201.

Boufflers (Vers à M<sup>r</sup>. de), P. f. p. 257-60.

Brebis (les); différence dans la manière de les traiter selon le produit qu'on attend d'elles, G. de V. l. iii, p. 257; dangers qui les menacent, leurs maladies, p. 259—65.

Brissac; ses vertus, son supplice, Pit. ch. iii, p. 97—8.

Brouillon (le), semant partout la discorde, Conv. ch. ii, p. 136—8.

Brule (Vers à M. de), P. f. p. 361—2.

Brunswick (à la princesse Augusta de), P. f. p. 293.

Bruyère (la), comparé avec Théophraste; caractère de ses ouvrages, Conv. Préf. p. 19-31; son portrait de l'érudit, ch. i, not. p. 192-4.

Bûcheron englouti dans la neige, 3 R. ch. iii, p. 215—8.

Buffon; ses époques de la nature, l'H. des Ch. ch. III, p. 109-15 not. p. 202-3; a peu vu par lui-même, mais a élevé un superbe édifice, p. 115, not. p. 203—4; voit dans les animaux des machines, et leur attribue néanmoins les passions et les qualités de l'homme, ch. IV, p. 154—5; influence exercée par son talent, 3 R. Pr. p. 27-32; comparé à Linné, ch. VI, not. p. 115-7; vers pour son portrait, P. f. p. 242.

## C.

Cabinet d'histoire naturelle; son utilité et jouissances qu'il procure, l'H. des Ch. ch. III, p. 129-36,

Café (le); combien l'auteur lui doit de reconnaissance, 3 R., ch. VI, p. 93—5; son histoire, not. p. 127-8.

Cambyse; son armée détruite par un ouragan, 3 R. ch. II, p. 125-8, not. p. 180 –81.

Camille, reine des Volsques; réflexions sur ce caractere, En. Préf. p. 31—34, l. XI, p. 270—3; vient se joindre à Latinus, l. VII, p. 91-3; veut marcher contre les Troyens, tandis que Turnus défendra la ville, l. XI, p. 195—7; son éducation, p. 199-205; se signale par de nombreux exploits, p. 211-19; tuée par

Aruns, p. 229.

Campagne (la) a des attraits pour tous les hommes, Jard. ch. I, p. 58—9.

Canal (le) du Languedoc; hardiesse, beauté et utilité de ce travail, l'H. des Ch. ch. II, p. 91—3.

Canaux (les), source de richesses pour les nations, l'H. des Ch. ch. II, p. 91—3.

Candolle (de), auteur de belles expériences, 3 R., ch. VI, p. 120.

Carmes; massacres dans l'église de ce couvent, Im. ch. III, not. a. p. 242, b. p. 229.

Carmontel; son proverbe sur une espèce de conteur, Conv. ch. I, not. p. 206-9.

Carrier (mot de), auteur des mariages républicains, Pit. ch. III, not. p. 210.

Carron (l'abbé), créateur d'un établissement d'éducation en Angleterre; son zèle et ses ressources pour le soulagement de ses semblables, Pit. ch. II, p. 68, not. p. 193—6; sa conduite; vers pour son portrait, P. f. p. 253—6.

Carthage naissante, En. l. I, p. 103—11.

Cascade (la); elle doit être simple, sans constructions apparentes, sans symétrie, Jard. ch. III, p. 114-5.

Cassandre s'oppose en vain à l'entrée du cheval de bois, En. l. II, p. 207—9, entraînée par les Grecs p. 223—5.

Castor (le), comparé à l'éléphant; son adresse extraordinaire, 3 R. ch. VII, p. 161—2, not. p. 213—5.

Catacombes de Rome; anecdote d'un peintre qui s'y est égaré, Im. ch. IV, a. p. 285; b. p. 268.

Caumont (M. de), relieur à Londres pendant l'émigration. Pit. ch. IV, p. 155, not. p. 240.

Cazotte (M<sup>lle</sup>. de) arrache son père aux Septembriseurs; il périt sur l'échafaud. Pit. ch. III, not. p. 225.

Cérémonies (les) catholiques produisent beaucoup d'effet sur l'imagination, Im. ch. VIII, a. p. 254, b. p. 246.

Cerf (chasse du), l'H. des Ch. ch. I, p. 43 —7.

César ; signes qui accompagnèrent sa mort, G. de V. l. I, p. 95-101.

Ceste (Combat du), En. l. v, p. 173 —83.

Chabanon; son opinion sur les vieux monumens et les ruines factices, Jard. ch. IV, not. p. 210—1.

Chamos, ange rebelle, son portrait, Par. p. l. I, p. 72—3.

Champs (l'Homme des); son bonheur, G. de V. l. II, p. 179 —87.

Champs-Elysées (Peinture des), En. l. VI, p. 315 et suiv.

Chaos (le); son discours à Satan, Par. p. l. II, p. 146 —8.

Charrue (description de la), G. de V. l. I, p. 69—71.

Chars (courses de), G. de V. l. III, p. 235.

Chartreux (les) édifient et instruisent par leur conduite, Jard. ch. II, p. 70—2.

Chasse (la); ses plaisirs, l'H. des Ch., ch. I, p. 43—7.

Cheval (le); son portrait, G. de V. l. III, p. 231-3, not. p. 283 -6; 3 R. ch. VIII, p. 242-43, not. p. 273 — 4; soins qu'il exige, quand il est jeune, G. de V. l. III, p. 239-41; soins qu'exigent l'étalon, p. 235 — 7, et les élèves, p. 239—41; ses amours, sa jalousie, ses combats, p. 243—7.

Cheval de bois construit par les Grecs, en l'honneur de Pallas, En. l. II, p. 185-7, 99-203; introduit dans la ville de Troie, p. 207; les Grecs sortent de ses flancs, p. 209.

Chèvre (la); son portrait; ressources qu'elle procure, G. de V. l. III, p. 249 -51, not. p. 294-6.

Chien (le); ses services, G. de V. l. III, p. 259; son portrait, not. p. 302-3; 3 R. ch. VIII, p. 238 -40, not. p. 270-1.

Chienne (une), sous le scalpel des anatomistes, lèche encore ses petits, 3 R. ch. VIII, p. 254—5.

Chiens (les) du Saint-Bernard, 3 R. ch. III, p. 218-9.

Chiens célèbres; celui de Madame, Pit. ch. I, p. 34—6; de la Reine; traits de fidélité pendant la révolution, not. p. 175—7.

Chimie (la); analyse

qu'elle fait des substances, et ses résultats, 3 R. ch. IV, p. 250 et suiv.

Chinois ( les ); leurs jardins, Jard. ch. I, p. 36-7; offrent les modèles des jardins introduits dans les derniers temps en Europe, not. p. 183—93.

Chrome (le); ses précieuses propriétés, 3 R. ch. V, p. 14-5, not. p. 50.

Cloanthe, vainqueur à la course des vaisseaux, En. l. V, p. 161.

Cloud (St.); son parc, Jard. ch. III, p. 114.

Cœur ( description du ), 3 R. ch. VII, p. 139, not. p. 191—3.

Coin du feu (le), l'H. des Ch. ch. I, p. 38—41; 3 R. ch. I, p. 65—72.

Colibri (peinture du), 3 R. ch. VII, p. 146-7.

Colomb (Chr.) devine le voisinage de l'Amérique, par la vue de quelques plantes, 3 R. ch. VI, p. 97—101.

Combat ( premier ) des bons anges contre les anges rebelles, Par. p. l. VI, p. 16—26; deuxième combat plus terrible que le I$^{er}$, p. 34—8.

Comédie (la); elle doit non-seulement peindre les ridicules et les vices, mais les mettre en action, Im. ch. V, a. p. 26, b. p. 25.

Comparaisons; beautés de celles de Virgile, En. préf. p. 48—58; défauts de celles de Milton, Par. p. t. I, préf. p. 42-4.

Condamine (de la); son éloge par Delille,

P. f. p. 63 et suiv. et par Radonvilliers, p. 114 et suiv.

Condé (armée de); son héroïsme et ses exploits, Pit. ch. IV, p. 151-3, not. p. 238-9; les trois princes soutiennent l'honneur de ce nom, p. 153.

Constraste entre les pays, entre la vie et la fin de grands personnages, entre les différents caractères historiques et poëtiques, Im. ch. I, a. p. 60, b. p. 66.

Conteur (portrait du); avec quelle adresse il sait s'emparer de la parole ; ses discours, Conv. ch. I, p. 72—9.

Conteur ( le ) minutieux, Conv. ch. I, p. 79, not. p. 201—2.

Conteur ( le ) habile, Conv. ch. I, not. p. 202-4.

Conteur ( le ) d'anciennes anecdotes, Conv. ch. I, p. 814.

Conteur (le) qui, sans en être prié, raconte tout ce qui le concerne, Conv. ch. I, p. 88—9.

Conversation (la), ce qu'elle était chez les Romains et les Athéniens, et chez Aspasie, Conv. Prol. p. 40—7, not. p. 183—5; celle du diner et du salon, ch. I, p. 63—6.

Converser ( l'art de ); poëmes ou ouvrages sur ce sujet, Conv. ch. I, not. p. 187—90.

Cook ; hommage à ce grand navigateur, Jard. ch. IV, p. 158—9, not. p. 211.

Coquillages et zoophytes ; considérations sur leurs produits, l'H. des Ch.

ch. III, not. p. 204—10, 213—5.

Coquilles ; variétés dans leurs formes et leurs couleurs, 3 R. ch. VII, p. 141—2, not. p. 193—96.

Corail (le), ouvrage de certains vers, 3 R. ch. V, p. 9, not. p. 39-40.

Corèbe périt en voulant défendre Cassandre, En. l. II, p. 223—5.

Coriolis (Vers à M. de), P. f. p. 305.

Corps (les); leur vitesse inégale dans l'air, égale dans le vide, 3 R. ch. II, p. 121 not. p. 171—4.

Costume (le) religieux fortifie l'empire de la religion, Im. ch. VII, a. p. 182, b. p. 181.

Costume (le) romain; sa supériorité sur les costumes modernes, Im. ch. VII, a. p. 183, b. p. 182.

Coucou (le); cruauté du mâle, instinct de la femelle, 3 R. ch. VIII, p. 249—50.

Couleurs (les); leur effet sur les yeux et l'âme, Im. ch. III, a. p. 176, b. p. 170.

Courbe (la ligne); elle est la plus agréable comme la plus commune, Im. ch. III, a. p. 178, b. p. 172.

Course de vaisseaux, En. l. V, p. 147—61; à pied, p. 165—73; de chevaux, p. 189—5.

Crainte (la), salutaire, quand elle prévient le mal, funeste, quand elle exagère, et quand elle enfante la superstition, Im. ch. II, a. p. 132, b. p. 132.

Crapaud (le); ses soins,

son instinct secourable, 3 R. ch. VII, p. 145, not. p. 199.
Créuse; son discours à Enée, En. l. II, p. 251; elle disparaît, p. 257; son apparition à Enée, p. 259-61.
Cristal de roche (le); son origine et ses usages, 3 R. ch. IV, p. 255—6.
Cromwel à Christine, Trad. de vers lat. de Milton, P. f. p. 247.
Cultes de Zoroastre, Numa, Mahomet, Confucius et Odin, Im. ch. VIII, a. p. 247, b. p. 240.
Culture (la); elle doit être variée selon la différence des climats et des terrains, G. de V. l. 1, p. 59—63; et selon les saisons, p. 73—7; ses avantages, l'H. des Ch. ch. II,
p. 72—4; il faut éviter également les projets de cabinet et la routine, p. 74-7; combien les peines qu'elle occasionne sont récompensées; celle de Malte, p. 86—8.
Cupidon substitué à Ascagne, En. l. 1, p. 131; inspire à Didon de la passion pour Enée, p. 133.
Cuvier; genres d'animaux retrouvés par lui, 3 R. ch. IV, p. 268—9, not. p. 305-7; auteur de notes sur les Trois Règnes, 3 R. ch. I, ch. VI, ch. VIII.
Cygne (le); sa beauté, ses amours, 3 R. ch. VIII, p. 235—8.
Czartorinska (la princesse); sa lettre à Delille sur le poëme des Jardins et sur les noms qu'elle veut

placer dans son parc sur une pyramide, l'H. des Ch. ch. 1, not. p. 175—7.

## D.

Dagon, chef d'anges rebelles, Par. p. l. 1, p. 75.

Danloux (Vers à M.), P. f. p. 274 ; son tableau de la Vestale, Pit. préf., p. 10, ch. 1, p. 27; d'une famille indigente, not. p. 181.

Danse (la); celle de caractère est la seule agréable, Im. ch. v, a. p. 20, b. p. 19.

Dante (le), sublime et terrible, Im. ch. v, a. p. 37, b. p. 36; nouvelle traduction en vers de ce poëte, par M. de Gourbillon, not. b. p. 77.

Dauphin, (naissance du), Jard. ch. II, p. 85—6.

Défiance (tableau de la), Im. ch. VI, a. p. 94, b. p. 94.

Défiant (le), qui craint et soupçonne tout, Conv. ch. II, p. 126.

Déiphobe raconte ses malheurs à Énée, En. l. VI, p. 301-5.

Delambre ; éloge de cet astronome, 3 R. ch. 1, p. 42—3.

Deleuze, auteur d'ouvrages utiles et agréables sur les plantes, 3 R. ch. VI, p. 62, not. p. 105—6.

Delille ; sa vie, P. f. p. 5 et suiv. ; son discours de réception à l'Académie Française, p. 63—107; sa réponse au discours de Lemierre, p. 119-33, et au discours de Tressan, p. 134—46 ; sa réponse à la princesse Czartorinska, sur les noms qu'elle veut faire placer sur une pyramide de son parc, l'H. des Ch. ch. I, not. p. 177—81.

Dépôts souterrains de différens corps, l'H. des Ch. ch. III, p. 109—11, et de plantes, not. p. 197—8.

Desfontaines (l'Abbé); son éloge du caractère d'Enée, En. Préf. p. 22—3.

Desfontaines, auteur de la flore Atlantique 3 R. ch. VI, p. 69, not. p. 104.

Devin (le serpent); la terreur des pays qu'il habite, 3 R. ch. VII, p. 174—5, not. p. 225.

Devonshire (épître à Mad. la duch. de), P. f. p. 382—5.

Diamant (le); son essence pressentie par Newton, 3 R. ch. IV, p. 257—8, not. p. 298; démontrée par les expériences des chimistes, ch. V, not. p. 37—8.

Diane envoie Opis, pour venger la mort de Camille, En. l. XI, p. 205.

Didon ; son évasion, En. l. I, p. 95—7; s'assied sur son trône, p. 111—13; accueille les compagnons d'Enée, p. 119, et Enée, p. 123—5 ; leur donne une fête dans son palais, p. 131—37 ; prie Enée de lui raconter ses infortunes, p. 137; sa passion pour Enée, peinte dans son discours à sa sœur, l. IV, p. 9—11; son agitation, p.

15—7; part pour la chasse, p. 23; son désespoir et ses reproches, ses menaces à Enée, p. 39—49; essaie de l'attendrir, p. 53—7; effrayée par des présages, p. 57—59; annonce à sa sœur qu'elle veut recourir aux enchantements, p. 61; fait construire un bûcher, p. 61—3; agitée par divers sentiments, p. 65—7; ses imprécations, p. 69-76; monte sur le bûcher et se poignarde, p. 77—9; supérieure à Calypso et aux imitations qu'elle a fait naître, not. p. 131—5; sa rencontre avec Enée aux Enfers, l. VI, p. 295—9.

Dieu (l'existence de), démontrée par les preuves populaires, Im. ch. VIII, not. b. p. 266.

Dieu annonce à son fils que l'homme se laissera séduire par Satan, et qu'il périra, à moins que quelqu'un ne subisse sa punition, Par. p. l. III, p. 163-5, 167-9; accepte le sacrifice de son fils, p. 172-5; annonce aux Anges la naissance de son fils, l. V, p. 289-90; envoie Michel et Gabriel contre les rebelles, l. VI, p. 9; charge le Messie de les confondre, p. 38—9; annonce à son fils qu'il veut créer un nouveau monde, l. VII, p. 64; crée la lumière, p. 68; la mer, p. 69; la terre, p. 70—1; les plantes, p. 71—2;

les astres, p. 73—5; les oiseaux et les poissons, p. 75—9; les quadrupèdes, les insectes et les reptiles, p. 79—82; l'homme et sa compagne, p. 83—4; se repose le septième jour, p. 87; envoie son fils pour juger les coupables, l. x, p. 213—4; annonce que son fils détruira la Révolte et le Trépas, p. 239-40; accepte la médiation de son fils, mais veut qu'Adam et Eve sortent du paradis, l. xi, p. 271-2; envoie Michel pour exécuter cet ordre, p. 274.

Dieux (les); la reconnaissance a fait les premiers; la terreur en a fait un plus grand nombre, Im. ch. viii, a. p. 221, b. p. 218; celui d'Epicure, a. p. 225, b. p. 211; le grand Lama, a. p. 230, b. p. 226; ceux que multiplient les caprices des Indiens a. p. 231, b. p. 227; combien ceux des Grecs plaisaient à l'imagination, a. p. 238, b. p. 234; ceux des Romains, moins riants, eurent en politique une plus grande influence, a. p. 240, b. p. 234; les images de ceux des Grecs et des Romains doivent être placées dans les jardins avec discernement, Jard. ch. iv, p. 155—7.

Dignité (la): son origine et son établissement dans l'Olympe; sa disparition a contribué à ébranler la royauté, Im. ch. vii,

a. p. 145, b. p. 151.
Digues (les), merveille de la Hollande, l'H. des Ch. ch. II, p. 96—7.
Diomède refuse le secours que demandent les Latins, En. l. XI, p. 171—7.
Discoureur (le) maladroit et sans tact, Conv. ch. I, p. 89—90.
Discours; éloge de ceux de Virgile, En. l. I, not. p. 149-50, 57—9, 65—6.
Disputeur (le) susceptible et querelleur, Conv. ch. II, p. 126—9, not. p. 223—4.
Dithyrambe (dissertation sur le), P. f. p. 363—70.
Domestiques (les); la pitié doit adoucir ce que leur état a de pénible; ce qu'elle commande pour les vieux serviteurs. Pit. ch. I, p. 36-9.
Dormond répare les désastres d'un incendie, Episode, Pit. ch. I, p. 53—5.
Drancès se déclare contre Turnus, En. l. XI, p. 167; son portrait, p. 179; conseille la paix et attaque Turnus dans le conseil, p. 179-83.
Dumas (mot féroce de) Pit. ch. III, not. p. 211.

## E.

Eau (l'); ses différents effets, 3 R. ch. III, p. 192—3; son action sur certains corps, not. p. 222-3; elle contribue à alimenter les plantes, p. 223 — 6 ; usages auxquels on l'applique; ch. III, p. 197-8 ; son évaporation et vaporisation, p. 209 — 11, not. p. 233—5; elle retombe sous différentes formes, p. 211—2, not. 235-8; le froid seul la divise, p. 212-3, not. p. 238 —9.

Eaux (les); il faut leur laisser leur liberté, à moins qu'on ne puisse produire de grands effets, Jard. ch. III, p. 112-4; art de les diriger; p. 114—6; il faut les orner de barques, d'oiseaux, y admettre des poissons, p. 124—5.

Eaux minérales (les); 3 R. ch. III, p. 207-9, not. p. 232-3 ; leurs propriétés et effets salutaires, l'H. des Ch. ch. III, p. 119 —20.

Ebène (l'); sa patrie, ses qualités, G. de V. l. II, p. 149, not. p. 199.

Echecs (description d'une partie d'), l'H. des Ch. ch. I, p. 39.

Ecole (portrait du maître d'), l'H. des Ch. ch. I, p. 58—60.

Eden, modèle des jardins irréguliers, tracé par Dieu même, Jard. ch. I, p. 56 —8, not. p. 194— 201 ; charme de la peinture de ce jardin, Par. p. t. I, Pr. p. 27-9; sa description, l. IV, p. 207 —9.

Egérie (épisode d'), l'H. des Ch. ch. II, p. 98—104.

Eglise (l') de St.-Pierre ; réflexions sur

cet édifice, Imag. ch. v, not. a. p. 70, b. p. 68.

Egoïste (l'), qui ne parle que de lui, Conv. ch. 11, p. 101-4, not. p. 218 —9, 241—5.

Egypte ( les rois d'); leur conduite examinée et jugée après leur mort, Im. ch. vii, p. 165, b. p. 167.

Electricité (l'); description de ses phénomènes, 3 R. ch. 1, p. 57 et suiv. ses effets produits par la même cause que ceux de la foudre, not. p. 108-10.

Eléments (les); comment ils se séparent et se confondent, 3 R. ch. iv, p. 247—9, not. p. 292—3.

Eléphant (éloge de l'); merveilleuse organisation de sa trompe, 3 R. ch. vii, p. 159—60, not. p. 212-3.

Eléphants et autres animaux fossiles, trouvés dans différentes parties du globe, 3 R. ch. iv, p. 268—9, not. p. 303—7.

Elise encourage la passion de sa sœur, En. l. iv, p. 11—5; cherche inutilement à fléchir Enée, p. 55; son désespoir, p. 79—81.

Elisabeth (la princesse); son supplice est le plus grand forfait de la terreur, Pit. ch. iii, p. 113—4.

Emigration (l'); scènes déchirantes qu'elle a présentées, l'H. des Ch. ch. iv, p. 167—70.

Emigrés (les); leurs regrets, leur douleur dans leur exil, Pit. ch. iv, p. 139

-41; quels droits ils ont à la pitié, p. 139-6; accueillis par plusieurs princes d'Allemagne, en Angleterre, p. 146-50; en Suisse, p. 150-1; conseils du poëte; p. 154; leur industrie, p. 154-5; un jeune couple va s'établir sur les bords de l'Amazone et y prospère; il est rejoint par un ami, p. 155—66.

Émotions (les); le besoin d'en éprouver nous fait rechercher les spectacles les plus affreux, Im. ch. III, a. p. 192, b. p. 186.

Énée regrette de n'être pas mort devant Troie, En. l. I, p. 71; aborde en Afrique, p. 79; ranime ses compagnons, p. 81-3; contre sa mère, p. 93-101; retrouve ses compagnons, p. 113; accueilli par Didon, p. 123—5; son récit, l. II, p. 185 et suiv.; veut sauver la citadelle de Troie, p. 215; se met à la tête de quelques guerriers, p. 217—9; vole au secours de son père, p. 241—7; rencontre Hélène, et veut l'immoler, p. 241; arrêté par Vénus, p. 243; emporte son père, p. 255; rentre dans Troye pour chercher Créuse, p. 257; quitte les rivages de Troie, l. III, p. 311; relâche à l'île de Crète, p. 323; ses Dieux lui annoncent sa destination, p. 327; essuye une tempête, p. 327-9; ren-

rencoutre Andromaque, p. 337 ; ses adieux, p. 357; part avec Didon pour la chasse, l. IV, p. 25 ; fait équiper sa flotte, p. 39, expose à Didon les motifs de son départ, p. 43—7; sa fuite, p.69; aborde en Sicile ; l. V, p. 139 ; fait célébrer des jeux en l'honneur d'Anchise, p. 141—95; quitte la Sicile, p. 211; consulte la Sibylle de Cumes, l. VI, p. 259 et suiv. ; pénètre dans l'antre d'Averne, p. 279; passe le Styx, p. 291 ; trouve l'ombre de Didon et lui parle, p. 297 ; parcourt avec la Sibylle les différentes parties des Enfers, p. 305; rencontre Anchise, p. 319; sort des Enfers , p. 343 ; envoie des ambassadeurs à Latinus, l. VII, p.23; va trouver Evandre , l. VIII, p. 131 ; reçoit de sa mère les armes forgées par Vulcain, p. 189; reparaît avec ses nouveaux alliés, l. X, p. 37 ; ses exploits, p. 45; son désespoir en apprenant la mort de Pallas ; immole à ses mânes un grand nombre d'ennemis p. 63 — 73 ; blesse Mézence, p. 93 ; touché par la piété filiale de Lausus, l'engage à éviter le combat, p. 95 ; tue Lausus, ses regrets, p. 97 ; son deuxième combat contre Mézence qu'il tue, p. 103—7; rend grâces aux Dieux de sa victoire, l. XI, p. 145;

renvoie à Evandre le corps de Pallas, p. 151—5; sa réponse aux ambassadeurs de Latinus, qui demandent à inhumer leurs soldats tués dans le combat, p. 155—7; marche contre Laurente, p. 191; jure d'observer les conditions du combat, l. XII, p. 295; tâche d'arrêter le combat, p. 309; est blessé, se retire avec peine, p. 217; guéri par sa mère, p. 221; retourne au combat, p. 321-3; cherche Turnus, p. 325; le poursuit en vain, p. 327; immole un grand nombre de Latins, p. 329-33; commande un assaut, p. 335—9; combat Turnus, p. 353—71; le blesse, p. 371; touché d'abord, aperçoit l'armure de Pallas, et immole Turnus aux mânes de son jeune ami, p. 373—5; réflexions sur ce dénouement, not. p. 403 et suiv.

Enéide (l'), poëme national, En. préf. p. 7—9; monument précieux des antiquités romaines, p. 20-2; ses caractères comparés à ceux des autres poëmes, p. 22—43; mérite du style, p. 43—8; les six derniers chants au moins égaux aux six premiers, p. 54—5; considérations sur le 4e. livre, l. IV, not. p. 84—93; sur les 6 derniers livres, l. VII, not. p. 94—100; sur le discours de Junon, p. 105—

4

13; sur Alecton, p. 113—6; sur le dénombrement, p. 119—21; sur le 8ᵉ livre, l. VIII, not. p. 202-6; sur le bouclier d'Enée, p. 204—6, 25—9; sur l'épisode de Cacus, p. 210-5; sur la prière de Vénus à Vulcain, p. 219—21; sur les épisodes du neuvième livre, l. IX, p. 316-23; comparaison entre les assemblées des Dieux dans Homère et Virgile, l. X, not. p. 108—13; difficulté de la traduction de ce poëme, Par. p. t. I, préf. p. 47-9.

Enfance (l'); quel genre d'intérêt elle inspire, Im. ch. III, a. p. 192, b. p. 184; impression qu'on éprouve en revoyant les lieux où on l'a passée, Im. ch. IV, a. p. 254, b. p. 241.

Enfans (les); il faut de bonne heure développer en eux l'instinct de la bienfaisance, l'H. des Ch. ch. I, p. 54-5; les préserver des préjugés, de la crainte des esprits, p. 62-3; leurs jeux, p. 64; combien ils sont intéressants à observer et à diriger, p. 60-1.

Enfer (l') de Milton comparé avec l'Enfer et le Tartare des autres poëtes, Par. p. t. I, préf. p. 12-9.

Enigme, P. f. p. 287—90.

Ennuyé (l'), toujours fort ennuyeux, Conv. ch. I, p. 91—3.

Entelle, vainqueur de Darès, au combat du ceste, En. l. V, p. 179.

Eole, à la prière de Junon, excite une tempête, En. l. 1, p. 69-70.

Espréménil (mot de d') à Pétion, Pit. ch. III, not. p. 207.

Ermenonville, seul modèle de grand jardin, Jard. ch. 1, p. 51.

Erudit (portrait de l'), Conv. ch. r, p. 58-9, not. p. 199-201, 233-4.

Espagnole (jeune), qui, ayant assassiné son père, meurtrier de son amant, trouve dans la religion le calme que son crime lui avait enlevé, Im. ch. VIII, a. p. 261 et suiv. b. p. 254 et suiv.

Espérance (l'); elle remplace tous les biens, Im. ch. II, a. p. 128, b. p. 129.

Esprit (l') léger, qui prend sa conversation dans la gazette, Conv. ch. a, p. 60-1.

Essaims (les) sortis des ruches; moyen de les retenir, G. de V. l. IV, p. 313-4, not. p. 362-5.

Etampes (Vers à M. le marquis d'), P. f. p. 268-71, 357-9.

Etangs (les) doivent être ornés et peuplés, Jard. ch. III. p. 124.

Eté (l'); désastres qu'il cause, G. de V. l. 1, p. 83-4; pourquoi il plaît, l'H. des Ch. ch. 1, p. 36-7.

Euryale vainqueur à la course, En. l. v, p. 169; veut accompagner Nisus, l. IX, p. 251; recommande sa mère à Ascagne, p. 259; il part, p. 261; immole plusieurs guerriers dans le camp de Turnus, p. 265—7; arrêté par des cavaliers latins qui allaient rejoindre Turnus, p. 269; égorgé par Volscens, p. 275; désespoir de sa mère, p. 279-81.

Evandre accueille Enée, En. l. VIII, p. 139 et suiv.; lui montre les lieux devenus célébres depuis dans l'enceinte de Rome, p. 157; l'invite à marcher avec les Toscans contre Mézence, p. 175—7; ses adieux à Enée et à son fils Pallas, p. 181—5; expression de sa douleur, à l'arrivée du corps de son fils, l. XI, p. 161-3.

Eve peint à Adam les les émotions qu'elle éprouva après sa création, P. p. l. IV, p. 224—7; ses jouissances habituelles, p. 334—5; raconte à Adam le rêve qui l'a troublée, l. V, p. 264—7; s'absente pour éviter un entretien au-dessus de sa portée, l. VIII, p. 101—3; demande à Adam de s'éloigner quelquefois de lui, l. IX, p. 149-53; s'offense des craintes de son époux, p. 153—4; étonnée d'entendre parler le serpent; son entretien avec lui; elle succombe à la tentation, p. 166 —78; après quelque hésitation, elle porte à son époux du fruit de l'arbre de vie, p. 181; repoussée par Adam, elle le désarme par son repentir et ses larmes, l. 10, p. 251—3; l'engage à appeler la mort, p. 254—6; ses lamentations, après avoir entendu l'arrêt du Très-Haut, l. xi, p. 281-3; préparée, pendant le récit de Michel, par des songes agréables, au malheur qui la menace, elle se réveille, et fait part à son époux de sa résignation, l. xii, p. 346—8.

Exposition; beauté de celle de l'Enéide. En. l. i, not. p. 140—2.

## F.

Fabriques (les), admises, mais sans prodigalité ni confusion, Jard. ch. iv, p. 140.

Faucon (le) devenu notre esclave, 3 R. ch. viii, p. 250, not. p. 278.

Femme de ménage (la); ses occupations, ses jouissances, l'H. des Ch. ch. ii, p. 82—4.

Femmes (les); leurs différens caractères, leur influence, leur éloge; elles ont l'empire de la conversation, Conv. ch. ii, p. 170—6; leur courageuse humanité, Pit. ch. ii, p. 68-9; doivent admirer la nature et ses merveilles, mais sans entrer dans le domaine de la science, 3 R. ch. iv, p 257—62; leur héroïsme pendant la terreur, Pit. ch. iii, p. 122—7, not. p. 224—9.

Ferme placée dans un jardin; il faut en bannir le luxe, et ne cacher aucun des objets champêtres, Jard. ch. iv, p. 142 —4.

Fermes(les); elles plaisent moins par la régularité que par l'élégance et la grâce, Im. ch. iii, a. p. 177, b. p. 171.

Fêtes du midi, Im. ch. vii, a. p. 161, b. p. 164; celles des Grecs; elles ne peuvent nous convenir, a. p. 166, b. p. 168.

Feu(le); ses phénomènes variés et multipliés, 3 R. ch. i, p. 55 et suiv. not. p. 102 et suiv. effets qu'il produit entre les mains de l'homme, p. 61 ; jouissances que procure le coin du feu, p. 64 et suiv.

Fidélia ( épisode de ), imité du Spectateur, Pit. ch. i, p. 41—5.

Flatteur ( le ) qui loue tout et sans mesure, Conv. ch. ii, p. 129 — 32, not. p. 124-7.

Fleurs(les), 1ers ornements des jardins, Jard. ch. iii, p. 105-6; doivent être disposées avec variété, p. 107 ; sont la source d'une foule de jouissances, 3 R. ch. vi, p. 95—7 ; leurs cultures perfectionnées, l'H. des Ch. ch. ii, p. 74.

Fluides (les); en quoi ils diffèrent des solides ; cherchent leur équilibre, 3 R. ch. iii, p. 193-4, not. p. 229-30.

Follotte ( Mad. la ), vers sur son portrait, P. f. p. 265—6.

Forêts souterraines, 3 R. ch. iv, p. 273.

Forster(G.), allemand,

compagnon de Cook, 3 R. ch. IV, p. 266-7, not. p. 300—2.

Forster (G.), anglais, 3 R. ch. IV, not. p. 302.

Fougères empreintes sur des schistes, l'H. des Ch. ch. III, p. 110, not. p. 197-8.

Fourmis d'Afriq. (les); leur industrie et leur mœurs, 3 R. ch. VII, p. 165—8, not. p. 219—21.

Froment (le); terrain qu'on doit préférer ou éviter pour sa culture, G. de V. l. II, p. 157—9.

Fruits (les); combien d'espèces furent apportées par les Romains, Jard. ch. II, p. 87-8.

Fruits (les); perfectionnement de leur culture, l'H. des Ch. ch. II, p. 74.

## G.

Gabriel charge deux Anges de découvrir l'esprit infernal dans le Paradis, Par. p. l. IV, p. 241-2 ; ses reproches et menaces à Satan, p. 246-52 ; envoyé avec Michel contre les anges rebelles, l. VI, p. 8.

Galèse (Vieillard du), épisode, G. de V. l. IV, p. 319-21.

Galilée soupçonne la cause de l'ascension de l'eau dans les pompes, 3 R. ch. II, not. p. 165-6; ses expériences sur les vitesses des corps, p. 171—4.

Gazons (les), parure utile, convenable seulement dans les pays humides ; ceux d'Angleterre, Jard.

ch. III, p. 103—4 ; éviter la symétrie et l'uniformité ; les orner de fleurs, p. 105—8.

Geer (de) ; ses ouvrages ; 3 R. ch. VII, p. 164, not. p. 218.

Gemenos, beau vallon en Provence ; l'H. des Ch. ch. II, p. 87, not. p. 194.

Génération (la) ; différents systêmes sur ce point ; expliquée par la préexistence des germes, 3 R. ch. VI, p. 70, not. p. 118.

Génisse ; qualités qui distinguent la bonne espèce, G. de V. l. III, p. 229—31 ; soins nécessaires pour la rendre féconde ; p. 235—7.

Geoffrin (M$^{me}$.) ; ses vertus et son éloge ; Conv. ch. III, p. 176—80, not. p. 246—7 ; sa visite à Poniatowsky, l'H. des Ch. ch. I, not. p. 174.

Géométrie (la) doit une partie de sa richesse à l'imagination, Im. ch. V, a. p. 48 ; b. p. 45.

Géorgiques de Virgile (les) ; difficultés et mérite de la traduction de ce poëme, l'H. des Ch. Préf. p. XVI—XVII ; suffrage de L. Racine et de Voltaire, p. XVII—XX.

Glace (expériences sur la), 3 R. ch. I, not. p. 104—7 ; prodiges opérés avec elle à Pétersbourg ; 3 R. ch. III, p. 213, not. p. 239-40.

Glairesse (village de), Pit. ch. IV, p. 151, not. p. 234.

Gothard ( passage du St.), P. f. p. 389-401.

Grâce (la); son portrait, Im. ch. III, a. p. 181, b. p. 174.
Grandeur (la); elle plaît dans les ouvrages des hommes, Im. ch. III, a. p. 213, b. p. 201; surtout dans ceux de la divinité, les forêts, la mer, les montagnes, le ciel, a. p. 214, b. p. 202.
Greenwich (Hôpital de), Pit. ch. II, p. 73, not. p. 196.
Greffe (la), G. de V. l. II, p. 143, not. p. 193-ses mystères et ses merveilles, 3 R. ch. VI, p. 57.
Greffe animale, 3 R. ch. VII, p. 135, not. p. 186.
Grêle (Description de la); ses ravages, 3 R. ch. III, p. 213.
Grottes (les); magnifique spectacle qu'elles présentent, 3 R. ch. IV, p. 214; celle d'Antiparos, ch. IV, p. 276.

## H.

Halésus percé d'un trait par Pallas, En. l. X, p. 55—6.
Haller, chantre des Alpes, Pit. ch. II, p. 76.
Harmonie (l'); ses prodiges et ses bienfaits, Im. ch. V, a. p. 18, b. p. 16.
Harpies (les) harcèlent les Troyens; prédiction de leur reine, En. l. III, p. 329-33.
Harvey prouve la circulation du sang, 3 R. ch. VII, not. p. 91.
Hector; son apparition à Énée, En. l. II, p. 211—13.
Hécube veut retenir

Priam, En. l. II, p. 237.

Hélène sauvée par Vénus, En. l. II, p. 241—3; réflexions sur ce morceau, not. p. 298—9.

Hélénus reçoit les Troyens; ses prédictions et ses conseils, En. l. III, p. 343-5.

Herborisations (Tableau des), et jouissances qu'elles procurent, l'H. des Ch. ch. III, p. 125-8, not. p. 222—4.

Herculanum et Pompéia, l'H. des Ch. ch. III, p. 114—5.

Hercule triomphe de Cacus, En. l. VIII, p. 141-49; fête en son honneur, p. 151—3; son combat avec Acheloüs, l'H. des Ch. ch. II, p. 94—5.

Hiver (l'); peinture de celui du Nord, G. de V. l. III, p. 255—7, not. p. 300—1; saison des villes; ses plaisirs, l'H. des Ch. ch. II, p. 37-41; ses effets désastreux et ses bienfaits, 3 R. ch. II, p. 134—9.

Hogarth; ses tableaux des mauvais traitemens que l'homme fait subir aux animaux, Pit. ch. I, p. 34, not. p. 174.

Hollandais (les); caratère de leurs jardins, Jard. ch. I, p. 35.

Homère, père de la poésie, Im. ch. v, a. p. 34, b. p. 33, not. b. p. 73.

Homme (l'); sa supériorité sur les animaux, par la raison, la parole, la pensée, par son empire sur lui-même, par ses sentimens au lit de mort, par la confiance de l'immortalité, 3 R. ch. VIII, p. 258-67, not. p. 276—7.

Homme des Champs (l'); réponse aux critiques de ce poëme, Jard. préf. p. XXI, XXX; plan du poëme, l'H. des Ch. préf. p. XXII—VII.

Hopitaux élevés et perfectionnés par la pitié pour les malades, les enfants trouvés, les vieux militaires, Pit. ch. II, p. 65—71.

Horace; passages imités de ce poëte, l'H. des Ch. ch. I, not. p. 173, ch. IV, p. 161, not. p. 246—8.

Horreur; elle est excitée par le spectacle du carnage, par les grandes catastrophes physiques, surtout par les crimes des hommes, Im. ch. III, a. p. 205, b. p. 195.

Houdetot (Mad. d'); vers pour son jardin, P. f. p 263—4.

Howard, consolateur des prisons, Pit. ch. II, p. 63, not. p. 85—92.

Huber, naturaliste aveugle; ses observations sur les abeilles, 3 R. ch. VII, p. 163, not. p. 217.

## I.

Iapis secourt Enée et reconnait que ce n'est point son art qui le guérit, En. l. XII, p. 317—21.

Iarbe; ses plaintes à Jupiter, En. l. IV, p. 31.

Idées innées (les); probabilité de leur existence, Im. ch. 1, a. p. 65, b. p. 70; on ignore comment elles sont produites dans l'âme, et elles n'expliquent point comment l'âme agit sur le corps, not. a. p. 100, b. p. 103.

Ilionée implore le secours de Didon, En. l. 1, p. 113-9; demande à Latinus l'hospitalité pour Énée et les Troyens, En. l. VII, p. 29-33; défend le camp troyen, l. IX, p. 291.

Illusion (l'); elle devance l'avenir et rappelle le passé, Im. ch. II, a. p. 119, b. p. 121.

Imagination (l'); son portrait, Im. ch. I a. p. 42, b. p. 51; invocation du poëte, 3 R. ch. I, p. 71-2.

Immortalité de l'âme (Dithyrambe sur l'), P. f. p. 371-81.

Important (l'homme), chargé des procès et des affaires de beaucoup de personnes, Conv. ch. 1, p. 57-8.

Impressions causées par les ruines des vieilles églises et des vieux châteaux, Im. ch. IV, a. p. 263, b. p. 248; celles qu'éprouve le voyageur en Grèce et en Italie, a. p. 267, b. p. 252.

Indiscret (l'), qui veut tout savoir et tout dire, Conv. ch. II, p. 114-6, not. p. 220-1.

Industrie (l') fertilise les rochers et crée partout des richesses, l'H. des Ch. ch. II, p. 86-7, 96-7.

Infusoires (Animaux); phénomène qui leur

est particulier, 3 R. ch. VII, p. 149—50, not. p. 204—5.

Inondation (Tableau d'une), et malheurs qu'elle cause, 3 R. ch. III, p. 195—7.

Insectes (les); leurs couleurs, leurs yeux, etc. l'H. des Ch. ch. III, not. p. 235—41; leur conformation, leurs mœurs et leurs métamorphoses, 3 R. ch. VII, p. 148-56, 165-72, not. p. 204—8, 216—23.

Instinct (l') comparé à la raison, Im. ch. I, a. p. 66, b. p. 70; 3 R. ch. VII, p. 156-7; not. p. 209—12; ch. VIII, p. 260; il se trompe quelquefois, p. 249-50.

Interlocuteur (l'), froid, indifférent et égoïste, Conv. ch. II, p. 107—10.

Iris, sous la figure de Béroé, engage les Troyens à brûler la flotte, En. l. v. p. 197-9; avertit Turnus qu'Enée a quitté son camp, En. l. IX, p. 231.

Islande (l'); extrait d'un voyage dans cette île, Im. ch. IV, not. a. p. 291, b. p. 273.

Italie (l'), supérieure par sa fécondité à tous les autres pays, G. de V. l. II, p. 151—5.

## J.

Jablonowska (à Mme. la princesse), P. f. p. 294—7.

Jalousie (la); tourmens qu'elle produit, Im. ch. II, a. p. 140,

b. p. 138.

Janvier (le P.) a imité l'*ars confabulandi* du P. Tarillon, Conv. ch. 1, not. p. 187-8.

Jardins (les); intérêt que présente ce sujet, Jard. Préf. p. 7 — 9; le poëme de Delille n'est pas dépourvu de plan, p. 11 — 4; il y a de la sensibilité dans plusieurs épisodes, p. 14—5; réponses à quelques autres critiques, p. 17-24; l'art des jardins remonte au commencement du monde, ch. 1, p. 301; description d'un jardin romain, Jard. not. p. 173-80; pour créer des jardins, il faut plus de génie que de dépenses, p. 31; on doit imiter la nature, p. 32; modèles à consulter en France, p. 32-3, en Allemagne, p. 34, not. p. 181 — 3; et en Angleterre, p. 42—3; caractères des jardins dans les différents pays, p. 33 et suiv. avant de créer un jardin, il faut étudier le site et le terrein, p. 44-7; conserver de la variété, du mouvement; déguiser les limites, p. 47 — 52; jardins réguliers et irréguliers, p. 53 —5; il faut y mêler l'utile à l'agréable, ch. 11, p. 95-6; les arbres, p. 65 — 8; les bois, p. 68-9; les bocages, p. 72; les fleurs, ch. III, p. 105 -8; les rochers, p. 108-10; les plantes grimpantes, p. 110; les eaux, p. 112— 26; abus et avantages des genres français et anglais, ch. iv, p. 133-5, l'H. des Ch. ch. ii, p. 75-7; objets variés, points de repos, Jard. ch. iv, p. 135—40.

Javelot ( combat du ), En. l. v, p. 185-9.

Jésus intercède pour l'homme, Par. p. l. iii, p. 166—7; offre de s'immoler pour lui, p. 169-71; chargé par son père de terrasser les anges rebelles, paraît à la tête des bons anges; les harangue, écrase tous ses ennemis, l. vi, p. 38—47; par ordre de son père, sépare le ciel et la terre pour préparer la création, l. vii, p. 65; envoyé par son père pour juger les coupables, descend dans le Paradis, leur reproche leur crime, prononce le jugement, et remonte au ciel, l. x, p. 214—22; intercède pour Adam et Eve, l. xi, p. 270—1.

Jeu ( le ); effets de la passion qu'il produit, Im. ch. i, a. p. 135, b. p. 134; amusement, dans l'H. des Champs, il est une passion dans l'Imagination, not. a. p. 165, b. p. 160.

Jument (la); combien elle exige de ménagements, jusqu'à ce qu'elle ait mis bas, G. de V. l. iii, p. 235—7.

Junon; durée et cause de sa haine contre les Troyens, En. l. i, p. 61 — 7; sa prière à Eole, p. 69; sa proposition de paix à Vénus, l. iv, p. 19-23; envoie

Iris pour engager les les Troyennes à brûler les vaisseaux, En. l. v, p. 195; envoie Alecton pour semer la discorde, l. VII, p. 41; ouvre les portes du temple de Janus, p. 69; impute à Énée ses propres malheurs, et justifie Turnus, l. x, p. 15—9; obtient de Jupiter de prolonger les jours de Turnus, p. 75; engage Juturne, sœur de Turnus, à secourir son frère, l. XII, p. 289-91.

Jupiter annonce à Vénus les triomphes d'Énée, et la puissance des Romains, En. l. I, p. 87-91; envoie Mercure vers Énée, l. IV, p. 33; recommande aux Dieux de ne pas intervenir dans la guerre d'Italie, l. x, p. 9—21; exige que Junon cesse de protéger Turnus, et lui annonce que les descendans des Troyens l'adoreront, l. XII, p. 359-63.

Jussieu (Bernard de); ses opinions sur les empreintes de fougères, l'H. des Ch. ch. III, not. p. 198-—200; sur les polypiers, p. 213; sa science, sa pénétration, p. 125, not. p. 221, 3 R. ch. VI, p. 70, not. p. 114.

Jussieu (Antoine-Laur. de), successeur de Bernard, 3 R. ch. VI, p. 70, not. p. 114.

Juturne, sœur de Turnus, sous les traits de Camerte, reproche aux Latins de laisser Turnus s'exposer seul, En. l. XII, p. 299—301;

fait tomber l'écuyer de son frère, le remplace, et évite le combat, p. 325—7; veut empêcher Turnus de secourir Laurente, p. 341-3; son désespoir en voyant Turnus exposé et dévoué à la mort, p. 367.

## K.

Kanguroo ( le ); son organisation, 3 R. ch. VII, p. 146, not. p. 199—200.

Kant; sa distinction entre les différentes idées innées, Im. ch. I, not. b. p. 104.

Kensington; affluence et diversité des promeneurs, dans ce parc, Jard. ch. II, p. 98—101.

## L.

Laboureur ( le ); ses soins pour favoriser les moissons, G. de V. l. 1, p. 63; ses outils, p. 69; ses occupations pendant l'hiver, p. 81—3; peinture de son bonheur, l. II, p. 177-87.

Lacretelle (Vers à M. Ch. de), P. f. p. 267.

Lafontaine; caractère de ses fables, Im. ch. V, a. p. 33, b. p. 32.

Laharpe injuste envers Virgile, En. Préf. p. 20—1, 29, 53, l. XII. not. p. 381.

Lamballe ( la princesse

de); sa fidélité héroïque envers la Reine ; sa fermeté, son supplice, Pit. ch. III, p. 96—7, not. p. 213—4.

Lambert (St.); peinture d'un orage par ce poëte, G. de V. l. 1, not. p. 126—7.

Langue universelle; réflexions sur ce sujet, G. de V. Préf. p. 26—30.

Laocoon lance un trait contre le cheval de bois, En. l. II, p. 189; étouffé par deux serpents, p. 203—5; beautés de ce morceau, réflexions sur le groupe, not. p. 272-6.

Lapons (les); leur religion, Im. ch. VIII, a. p. 223, b. p. 220, not. a. p. 272, b. p. 268 ; quel intérêt ils savent donner à leurs parcs, Jard. ch. II, p. 84—5.

Latine (la langue); combien elle est supérieure à la nôtre, G. de V. Préf. p. 26—39.

Latins (les) brûlent leurs morts, En. l. XI, p. 167 ; leur combat contre les Troyens, p. 207—9; mis en fuite, p. 235.

Latinus, roi d'Italie, En. l. VII, p. 13; reçoit les ambassadeurs d'Enée, p. 23 et suiv.; invite Enée à se fixer dans ses états, p. 33-5; refuse d'ouvrir les portes du temple de Janus, p. 69; ses alliés viennent à son secours, p. 73 et suiv.; ses ambassadeurs demandent à enterrer les soldats tués, l. XI, p. 155; fait demander du secours à Diomède, p. 169; propose la paix avec Énée, p. 175-9; presse Turnus de consentir à la paix, l. XII, p. 277—9; jure de vivre en paix avec les Troyens, p. 295—7.

Laurent, mécanicien, auteur d'un bras artificiel pour un invalide, P. f. p. 161.

Lausus commande les Toscans sous son père, En. l. VII, p. 73; se distingue par ses exploits contre les Troyens, l. X, p. 55; veut venger son père, p. 95; tué par Énée, p. 97.

Lavinie entourée du feu sacré, En. l. VII, p. 15; vouée à Bacchus par sa mère, qui l'emmène dans les bois, p. 45—9; son portrait, l. XII, p. 281-3; sa douleur à l'occasion de la mort de sa mère, p. 339; réflexions sur ce caractère, not. p. 380, 395-7.

Lavoisier analyse l'air, 3 R. ch. II, not. p. 143-4; et l'eau, ch. IV, p. 248; ses vertus, son influence, sa mort, not. ch. II, p. 162—3, ch. IV, not. p. 293-4.

Lebrun (vers à M$^{me}$.), P. f. p. 233, 262.

Ledoux; son plan de ville imaginaire, Im. ch. V, a. p. 23, b. p. 22; particularités sur cet architecte, not. a. p. 71, b. p. 70.

Lee-Boo; son portrait, Im. ch. I, a. p. 74, b. p. 77; il part avec les Anglais, malgré les efforts de son père pour le retenir, a. p. 76, b. p. 79; sa mort,

a. p. 81, b. p. 83, not. a. p. 113, b. p 117.

LeFèvre-Gineau; note sur le paratonnerre, 3 R. ch. I, not. p. 108 -10; le poëte invoque son secours, 3 R. ch. II, p. 130-1.

Legouvé; ses réflexions sur le monologue de Junon, En. l. VII, not. p. 105-9.

Leibnitz; son système de l'harmonie préétablie, Im. ch. I, not. a. p. 102, b. p. 105.

Lemierre; son éloge, par Delille, P. f. p. 119-33.

Liberté (la); celle qui caractérise l'homme honnête, Im. ch. VI, a. p. 87 b. p. 87.

Libes, auteur de notes sur les Trois Règnes, 3 R. ch. II, p. 144-6, 58-61, 71-80, 81-3.

Liége (l'évêque de) accueille les émigrés, Pit. ch. IV, p. 146.

Lieux (les) nous plaisent, riants ou sauvages, Im. ch. IV, a. p. 250, b. p. 238; par les souvenirs gais ou tristes, sur-tout par ceux de l'amour, a. p. 259, b. p. 245; leurs impressions sur nous dépendent de nos mœurs, de nos dispositions et de nos sentiments, a. p. 252, b. p. 240; le mystère ajoute à l'attrait qu'ils inspirent, a. p. 273, b. p. 257; on aime ceux par qui l'on fut inspiré, a. p. 275, b. p. 260.

Liger et Lucagus tombent sous les coups d'Enée, En. l. X, p. 71—3.

Limagne, patrie de l'auteur, pays rempli de beautés naturelles et de points de vue pittoresques, l'H. des Ch. ch. III, p. 115-6; ch. IV, not. p. 201-2; quelles émotions ce souvenir lui fait éprouver, ch. IV, p. 158-9; patrie de Pascal, not. p. 201 —2, 3 R. ch. II, p. 120-1.

Limbe de Vanité (Description du), Par. p. I. III, p. 179-84.

Linné démontre le système sexuel; son influence sur les progrès de l'histoire naturelle; hommage du poëte à ce grand naturaliste, 3 R. ch. VI, p. 68, 79, not. p. 110-2, 120-1; comparé à Buffon, 3 R. ch. VI, not. p. 115—7.

Lion (le) comparé à l'aigle, 3 R. ch. VIII, p. 245—6, not. p. 274—6.

L'oillart-d'Avrigny (à M.), P. f. p. 298.

Loiserolles meurt pour son fils, Pit. ch. III, not. p. 224.

Lotos (le); ce que c'est, G. de V. l. II, p. 193-5.

Louis XVI donne ordre de respecter sur toutes les mers le vaisseau de Cook, Jard. ch. IV, p. 158; not. p. 211; ses vertus; 5 et 6 octobre départ de Versailles; arrivée sur la place Louis XV; sa déposition; le Temple; séparé de sa famille; 21 janvier, Pit. ch. III, p. 98-109, not. p. 215 —9.

Louis XVII; raffinement des souffrances qu'on lui fait essuyer, Pit. ch. III, p. 117—9, not. p. 222-4.

Louis XVIII, enthousiasme que fait naître sa présence à l'armée de Condé, Pit. ch. iv, p. 153.

Lucrèce; causes des défauts et des beautés de son poëme, 3 R. Préf. p. 13-20.

Lumière (la); lois et effets de sa réflexion et de sa réfraction; 3 R. ch. 1, p. 43-4, not. p. 73 et suiv.

Lune (la) règle aussi les époques des travaux champêtres, G. de V. l. 1, p. 79-81.

Luxe (le); combien ses excès sont ridicules et nuisibles, P. f. p. 207 et suiv.

Lyonnet; ses travaux, ses talents et sa bonté, 3 R. ch. viii, p. 256, not. p. 279-80.

## M.

Macquer, célèbre chimiste, 3 R. ch. iv, p. 253, not. p. 296-7.

Madame relâchée par les bourreaux de sa famille, Pit. ch. iii, p. 119-22.

Magnétisme (le), source de beaucoup d'illusions et de jouissances, Imag. ch. ii, a. p. 130, b. p. 130;

il reparaît avec de nouveaux avantages, not. b. p. 188.

Magus tué par Enée, En. l. x, p. 63-5.

Maillé (mademoiselle de) s'immole pour sa belle-sœur, Pit. ch. iii, not. p. 224.

Maintenon (madame de); anecdote qui lui est attribuée, Imag. ch. ii, a. p.

158, b. p. 154.
Mal du pays (le); les Suisses l'éprouvent partout, Imag. ch. IV, a. p. 257, b. p. 243; not. a. p. 301, b. p. 283.
Maldives (les); leurs fêtes religieuses, Imag. ch. VIII, a. p. 226, b. p. 223, notes a. p. 278, b. p. 273.
Malesherbes (M. de); arbres étrangers introduits par lui, Jard. ch. II, p. 89; son supplice, l'H. des Ch. ch. IV, p. 166.
Mallet du Pan; passage de cet auteur, Pit. ch. II, not. p. 203—4.
Malmaison (le ruisseau de la), P. f. p. 244—6.
Malte (Ile de); prodiges opérés dans cette île par l'art de de la culture, l'H. des Ch. ch. II, p. 86, not. p. 193.
Mammon; son portrait, P. p. l. I, p. 8; conseille la paix; effet produit par son discours, l. II, p. 109-12.
Marbre (le); quelles révolutions il a subies successivement, l'H. des Ch. ch. III, p. 116-7.
Marie-Antoinette; ses souffrances multipliées, sa noble fermeté, son supplice, Pit. ch. III, p. 109-13, not. p. 219—21.
Marin (le); émotions que lui causent son départ, ses souvenirs et son retour, Imag. ch. IV, a. p. 279, b. p. 263.
Marines (les plantes); leur végétation, leur utilité, leurs résidus, l'H. des Ch. ch. III,

not. p. 210—3.

Marius désarme le Cimbre par son regard, Imag. ch. III, a. p. 224, b. p. 210.

Marlborough ; sa gloire, Jard. ch. 1, p. 60—3.

Médisant (le), qui n'épargne personne, Conv. ch. II, p. 135—6.

Mélancolie (la) ; son portrait, Imag. ch. III, a. p. 200, b. p. 191 ; elle ne forme point le caractère de la littérature française, not. a. p. 238, b. 227.

Mémoire (la) ; ses effets sont inexplicables et souvent contradictoires, Im. ch. 1, a. p. 46, b. p. 54; quelques idées sur sa nature, not. a. p. 89, b. p. 92.

Menteur (le) impudent, Conv. ch. II, p. 116—8, not. p. 221—2.

Mer (la) ; ses richesses dans les règnes végétal et animal, l'H. des Ch. ch. III, p. 117-8, not. p. 210-6.

Mercure envoyé par Jupiter à Carthage, En. l. 1, p. 91 ; vient auprès d'Énée, l. IV, p. 35-7.

Messape, fils de Neptune, allié de Latinus, En. l. VII, p. 77 ; chargé par Turnus d'éclairer le camp troyen, l. IX, p. 245 ; combat les Troyens, l. X, p. 47 ; ses exploits, p. 91 ; et avec Camille, l. XI, p. 197-9, 207 ; viole le traité, l. XII, p. 305—7 ; continue de combattre, p. 333.

Métaux (Enumération des) ; usages différents auxquels on les emploie, 3 R. ch. v, p. 11 et suiv. not. p. 44—7.

Métempsycose ( la ) adoptée chez les Indous, Pit. ch. 1, not. p. 172—4.

Méticuleux ( le ), qui s'alarme de tout, Conv. ch. 11, p. 133—5, not. p. 128-9.

Mézence, allié de Turnus, En. l. vii, p. 73; sa rage et ses exploits dans l'absence de Turnus, l. x, p. 81-7; blessé par Enée, p. 93; ramené par le désespoir, revient combattre Enée, qui le tue, p. 101—7; modèle d'Argant dans le Tasse, not. p. 142—3.

Michel, envoyé par Dieu contre l'armée de Satan, Par. p. l. vi, p. 9; son combat contre Satan, et sa victoire, p. 21-3; envoyé par Dieu pour aller chasser Adam et Eve du Paradis, l. xi, p. 174; leur prononce l'arrêt fatal, p. 281; leur offre des consolations, p. 285—7; conduit Adam au haut d'une montagne, d'où il lui montre ce qui doit arriver jusqu'au déluge, p. 287-312; le meurtre d'Abel, p. 288-9; le tableau des maux qui doivent affliger l'humanité, p. 290—2; indique à Adam les moyens propres à faire disparaître les horreurs de la mort, p. 293-4; lui fait voir l'emploi des différents arts, p. 295-6; l'abus des plaisirs des sens, p. 297—9; les résultats de l'ambition, les horreurs de la guerre, p. 299-303; les excès de l'impudicité, p. 303; Noé construisant l'arche ; le déluge, p. 303-5 ; le retour du temps serein et l'arc-en-ciel, gage du pardon céleste, p. 309-12 ; continue son récit ; retour de la pureté des mœurs, bientôt altérée ; tour de Babel, l. XII, p. 321-4; Abraham, père d'une nouvelle race; ses descendants ; Pharaon, sa tyrannie; plaies d'Egypte; délivrance des hébreux ; Pharaon et son armée engloutis; lois données sur le mont Sinaï ; Moïse, appui de l'homme ; culte des Hébreux ; terre promise, p. 326—34 ; esquisse de l'histoire des Hébreux jusqu'à la naissance du Christ, p. 334-9; sa vie et sa mort; mystère de la rédemption, p. 339—42 ; l'Esprit saint soutenant les élus, les martyrs, p. 343—5 ; ses derniers conseils à Adam, p. 346; prend Adam et Eve par la main, et les conduit hors du paradis, p. 348.

Miel (le) ; manière de l'enlever des ruches, G. de V. l. IV, p. 327, not. p. 389—90.

Milton; son invocation à la lumière et ses regrets sur la perte de la vue, Par. p. l. III, p. 158—61 ; également admirable dans la peinture d'Eden et dans celle de l'Enfer, Im. ch. V, a. p. 39, b. p. 37;

jugement sur sa conduite politique, not. a. p. 56, b. p. 55; soins de ses filles pour lui, Pit. ch. I, p. 46, not. p. 180.

Mirabeau n'a mérité ni le Panthéon, ni les Gémonies, Im. ch. III, not. a. p. 229, b. p. 216.

Misène; Énée lui fait rendre les derniers honneurs, En. l. VI, p. 269-75; cap nommé d'après lui; 3 R. ch. II, p. 121, not. p. 170—1.

Mnesthée chargé avec Séreste du commandement en l'absence d'Énée, En. l. IX, p. 247; ranime les Troyens, lutte avec Turnus et contribue à le chasser du camp, p. 313-5.

Modestie (Portrait de la); Conv. ch. III, p. 164-6, not. p. 241-4.

Molé (Ode au 1er. président), P. f. p. 149-51.

Molière; mérite particulier de ses comédies, Im. ch. V, a. p. 27, b. p. 25.

Mollusques (les) et zoophytes lumineux, 3 R. ch. VII, p. 148, not. p. 202-3.

Moloch; son portrait, son discours respirant la vengeance, Par. p. l. II, p. 100—3.

Monarchie (la); ses avantages sur la république, Im. ch. I, a. p. 64, b. p. 69.

Montaigne; qualités qui le font aimer constamment, Im. ch. VI, a. p. 114, b. p. 119.

Montagnes (les); quels phénomènes, quels effets elles présentent, l'H. des Ch. ch. III, p. 120—3, not. p. 216—7.

Monuments publics; leur utilité, Im. ch. VII, a. p. 170, b. p. 171.

Morel, auteur d'un traité des jardins, Jard. ch. III, p. 113, not. p. 208.

Morts (les); combien le respect pour eux est salutaire, Im. ch. VII, a. p. 153, b. p. 157.

Mousses (les); leur végétation, l'H. des Ch. ch. III, not. p. 219—21.

Moulin—Joli (Vers pour), P. f. p. 302-3.

Moïse; influence extraordinaire de sa religion et de son culte, Im. a. p. 236, b. p. 231.

Muse sacrée (la) invoquée par Milton, Par. p. l. 1, p. 54.

Musée de Paris (le), le plus vaste établissement d'histoire naturelle connu, 3 R. ch. VI, p. 69—70, not. 112-3.

Musidore surprise au bain par son amant (épisode), 3 R. ch. III, p. 198-205.

Mystérieux (le), qui craint de se compromettre par la nouvelle la plus insignifiante, Conv. ch. II, p. 113-6.

## N.

Nature (la); variété de ses productions, l'H. des Ch. ch. IV, p. 143—4; scènes grandes et variées, contrastes qu'elle offre au poëte, p. 144—56.

Nature (le génie de la) invite le poëte à la

chanter, 3 R. ch. 1, p. 58-9.

Naturel (le), sûr moyen de plaire, Conv. ch. 11, p. 99-100, not. p. 217-8.

Nautile (le); mécanisme à l'aide duquel il marche, l'H. des Ch. ch. 111, not. p. 229-30.

Necker, victime de l'inconstance de la faveur populaire, Im. ch. vi, a. p. 110, b. p. 116.

Neptune calme une tempête, En. l. 1, p. 73-7; promet à Vénus de favoriser la navigation d'Enée, En. l. v, p. 213-5.

Newton décompose la lumière à l'aide du prisme, 3 R, ch. 1, p. 44-5, not. p. 80-4; ch. iv, p. 247, not. p. 293; devine la nature du diamant, p. 257, not. p. 298; fut également enfant de l'imagination, Im. ch. v, a. p. 47, b. p 44.

Nice; charme de ses environs, Jard. ch. 11, p. 93.

Nisus; sa ruse pour faire triompher Euryale, En. l. v, p. 169; communique à Euryale son projet d'aller prévenir Enée de l'attaque du camp, l. ix, p. 247-51; part avec Euryale, p. 261; fait un grand carnage dans le camp de Turnus, p. 263; s'apercoit qu'il s'est séparé d'Euryale, p. 271; perce de ses traits plusieurs Latins, p. 273; est tué, p. 275.

Noirs (les); la Pitié parle aussi en leur faveur, mais sans excuser leurs horribles vengeances, Pit. ch. 1, p. 39-41; mot de l'un d'eux sur les horreurs de France et de St.-Domingue, not. p. 178-9.

Nouveauté (la); elle rajeunit le monde physique et le monde moral, Im. ch. III, a. p. 184, b. p. 177; exerce son empire dans Paris, a. p. 183, b. p. 178; a tout dénaturé en France, a. p. 186, b. 179.

Nouvellistes (les), l'un triste, l'autre gai, Conv ch. 1, p. 52—4.

Nuit (la); elle est pénible pour l'homme délaissé, augmente la tristesse et fait exagérer les dangers, Im. ch. IV, a. p. 283, b. p. 267.

## O.

Oatlands, parc près de Richmond, Jard. ch. III, p. 120—1, not. p. 208.

OEbale marche au secours de Latinus. En. l. VII, p. 83.

OEil (l'); celui de l'homme est la plus grande merveille de l'univers, Im. ch. III, a. p. 222, b. p. 209.

Officieux (l') important et sot. Conv. ch. II, p. 104—6.

Oiseaux (les); leur industrie, leurs mœurs, leurs migrations, etc. 3 R. ch. VII, p. 177-84; not. p. 228-30; leurs amours, éducation de leurs petits, ch. VIII, p. 247-50.

Olivier (l'); combien

il exige peu de soins, G. de V. l. II, p. 145, 77, not. p. 189, 217.

Ombrageux (l'homme), qui s'offense de tout, Conv. ch. II, p. 122-4.

Opale (l'); cause de ses reflets; quel cas en faisaient les anciens, 3 R. ch. v, p. 9, not. p. 38-9.

Opis (la nymphe) venge la mort de Camille, En. l. XI, p. 231-3.

Orage (peinture d'un), signes qui l'annoncent, G. de V. l. I, p. 83-91.

Orang-Outang (l'); en quoi il ressemble à l'homme et en diffère, 3 R. ch. VIII, p. 259, not. p. 284-5.

Orgueil (l') présomptueux, Conv. ch. II, p. 118-9.

Ornemens (les) dans les jardins doivent offrir de la variété, des contrastes, Jard. ch. IV, p. 137-8.

Orphée; sa descente aux enfers, G. de V. l. IV, p. 347 et suiv.

Ouragan (peinture d'un); désastres qu'il cause; armée de Cambyse ensévelie sous les sables, 3 R. ch. II, p. 124-9, not. p. 178-81.

Ovide; chacune de ses fictions est un emblême, Im. ch. v, a. p. 42, b. p. 40.

Oxford (l'Univ. d'); fait imprimer la bible pour les prêtres français, Pit. ch. IV, p. 148, not. p. 234.

Oxigène (l'); sa nature et ses propriétés, 3 R. ch. II, p. 114, not. p. 142-6.

## P.

Palinure, pilote d'Énée, trompé par un fantôme, lui abandonne le gouvernail, s'endort et tombe dans la mer, En. l. v, p. 217; raconte sa triste aventure à Enée, l. vi, p. 287—9.

Pallas, fils d'Evandre, accompagne Enée, En. l. viii, p. 185; rallie ses soldats, l. x, p. 47—9; se signale par beaucoup d'exploits, p. 49-53; rencontre Turnus; sa prière à Hercule, p. 55—9; tué par Turnus, p. 61; sa pompe funèbre, l. xi, p. 151-5.

Pallas; ses conjectures sur les révolutions du globe, 3 R. ch. iv, p. 267-8.

Pandémonium (le), construit par les anges rebelles, Par. p. l. i, p. 85-9.

Pandare et Bitias défendent les portes du camp; leurs exploits; tués par Turnus, En. l. ix, p. 301-9.

Papillon (Peinture du), 3 R. ch. vii, p. 153—4.

Paradis perdu; sujet justifié, Par. p. t. i, Préf. p. 7 et suiv. ses défauts, p. 19-20; 37-9, Préf. p. 30-2.

Parallèle de la Bienfaisance et de la Reconnaissance, P. f. p. 282-6.

Paris; peinture de cette ville opposée à celle de la belle nature; l'H. des Ch. ch. iv, p. 159-61.

Pascal répète l'expérience sur la pression de l'air ; hommage du poëte à son génie, 3 R. ch. II, p. 120-1, not. p. 165-9.

Pasteur (Portrait d'un bon), l'H. des Ch. ch. I, p. 56-8.

Paul Emile ; sa conduite à l'égard de Persée, Im. ch. VII, not. b. p. 203 ; son discours sur les nouvellistes dans T. Live, Conv. ch. I, not. p. 190—2.

Paynes (M. de) ; son procédé pour se procurer un ruisseau, l'H. des Ch. ch. II, p. 90—1, not. p. 194-5.

Paysan englouti sous la neige, 3 R. ch. III, p. 215-8.

Peintre de paysages (le) ; ses modèles, l'H. des Ch. ch. IV, p. 140-3.

Pelew (l'Ile) ; mœurs de ses habitants, Im. ch. I, a. p. 69, b. p. 73 ; surprise des Anglais en y abordant, a. p. 71, b. p. 74.

Pélisson ; son délassement dans sa captivité ; barbarie de son geolier, Im. ch. VI, a. p. 119, b. p. 124, not. a. p. 137 et suiv., b. p. 141 et suiv.

Perles (les) ; leur origine, leur nature, 3 R. ch. IV, p. 258, not. p. 299—300.

Peste (la) qui attaque les animaux, G. de V. l. III, p. 265-73.

Peste (Tableau de la), 3 R. ch. II, p. 135-9.

Pétrifications (les) ; l'H. des Ch. ch. III, p. 129--30 ; comment elles s'opèrent, not. p. 224-6.

Pharmacie de campagne, pour le soulagement des malheureux, l'H. des Ch. ch. 1, p. 54-5.

Philippes; il y avait deux villes de ce nom, G. de V. l. 1, not. p. 132—6.

Phosphore; ses propriétés, 3 R. ch. 1, p. 52, not. p. 96—8.

Pie VI (Vers sur), P. f. p. 248.

Pigeon (le); ses amours, 3 R. ch. VIII, p. 234-5.

Pitié (la); invocation du poëte, Pit. ch. 1, p. 25; elle est la source des biens et des jouissances de l'homme, p. 26-9; son autel à Athènes, not. p. 171-2; elle recommande la douceur envers les animaux, les domestiques, les noirs, p. 33—9; inspire à Fidélia son dévouement pour son père, p. 41—5; elle sauve un coupable et sa famille dans la détresse; p. 47—50; plaint le criminel et aide le malheureux, p. 50—1; remplace la chaumière incendiée, p. 52-5; soulage les prisonniers, ch. II, p. 57—61; réforme les criminels, p. 61—5; inspire Howard, p. 63 et suiv. visite les hôpitaux, p. 65-9; est le seul partage des enfants de l'amour, p. 69-71; adoucit les maux de la guerre, p. 71—3; gémit sur les horreurs de la révolution, ch. III, p. 90 et suiv.; sur les malheurs de la Famille royale, p. 99—122; sur l'émigration, ch. IV, p.

131—3; parle aux cœurs des souverains en faveur des émigrés, p. 141—3; c'est à elle que les Troyens doivent l'accueil de Didon et d'Aceste, p. 143—4, et Achéménide celui des Troyens, p. 145-6.

Plantes (les); expériences qui prouvent qu'elles ne doivent pas leur nourriture à la terre, mais à l'air et à l'eau, 3 R. ch. III, not. p. 223-6; leur formation, leur anatomie, ch. VI, p. 56—9, not. p. 102—4; leurs différences, p. 60-5, not. p. 105—9; phénomène de leur germination, p. 66-7, 70—1, not. p. 109—10; leur végétation, p. 74—7, not. p. 118; leur irritabilité, leurs divers mouvements; leur sommeil, p. 75-8, not. p. 119; leur fécondation, p. 79-80, not. p. 120-1; moyens divers par lesquels elle s'opère, p. 81—6, not. p. 120—1; leurs différents usages pour l'utilité ou l'agrément, p. 90—5, not. p. 124-8.

Pline le jeune; sa description d'un jardin romain, Jard. ch. I, not. p. 175-80.

Poëmes épiques (les) comparés sous le rapport du sujet, En. Préf. p. 9—13, et du merveilleux, p. 13—19.

Poésie (la), le plus beau de tous les arts, Im. ch. V, a. p. 25, b. p. 23; quel charme elle peut prêter par les souvenirs aux objets inanimés, l'H. des Ch. ch. IV, p. 156—9.

Poësie pittoresque et et philosophique (la) défendue contre les cr tiques, Im. ch. I, not. a. p. 84, b. p. 87.

Poëtes (les); quels doivent être leurs sujets et leurs modèles; ils doivent rechercher, dans leurs compositions, la variété, les contrastes, toujours la nature, l'H. des Ch. ch. IV, p. 142—70; imiter Buffon, Homère, Lucrèce, Virgile, p. 154-6; surtout Virgile, p. 163-5; peindre par l'harmonie imitative, p. 161-2; où doivent être placées leurs statues, ch. I, p. 51—2.

Poëtes vulgaires (les) peignent mal la nature, parce que souvent ils ne l'aiment ni ne la connaissent, l'H. des Ch. ch. IV, p. 140-2.

Politesse (la), dans l'homme aimable, n'est autre chose que la bonté, Conv. ch. III, p. 161-4, not. p. 239-40.

Polonais (les); éloge de leurs jardins, Jard. ch. I, p. 37-41.

Polydore, fils de Priam; récit de sa mort, En. l. III, p. 313-7.

Polypes (les); intermédiaires entre le règne animal et le règne végétal, 3 R. ch. VI, p. 87-8, not. p. 123-4; se soudent, ch. VII, p. 135-7, not. p. 186-9; leur reproduction et leur rapport avec le règne végétal, l'H. des Ch. ch. III, p.

217-8, not. p. 213-5, 227-9.

Poniatowsky, roi de Pologne; avec quelle grâce il reçut Madame Geoffrin, l'H. des Ch. ch. 1, not. p. 174.

Poniatowski ( le prince ) reçoit la famille royale de France, Pit. ch. 1, not. p. 175-7.

Pope; hommage à ce poëte, Jard. ch. III, p. 126-30; fragment de son Essai sur l'homme traduit, P. f. p. 306-8.

Porcelaine ( la ); sa composition et son éclat, 3 R. ch. IV, p. 260-1.

Potaveri; ses transports en retrouvant un arbre d'Otaïti, Jard. ch. II, p. 89-90, not. p. 204-5.

Potocka (Vers à M<sup>me</sup>. la comtesse de), P. f. p. 261-2.

Poule (la); son instinct, ses soins pour ses petits, 3 R. ch. VIII, p. 249.

Poussin ( le ); son tableau, Jard. ch. IV, p. 137.

Prairies artificielles (les); leur origine, leur composition, l'H. des Ch. ch. II, not. p. 184-42.

Premiers Parents (portrait de nos); leurs délassemens et leurs plaisirs, Par. p. l. IV, p. 216 — 9; leur hymne à l'Eternel, leurs amours, p. 238 — 9; leur cantique du matin, l. V, p. 269-72; ils aperçoivent Raphaël et se préparent à le recevoir, p. 277; créés par Dieu, l. VII, p. 83 — 4; changement opéré en eux par suite de leur désobéissance, l. IX, p. 189—90; leur embarras, leur honte, leurs inquiétudes, leurs reproches mutuels, p. 191—7; ils se cachent, quand Dieu les appelle et les interroge, l. X, p. 216—9; leurs espérances, l. XI, p. 274-7; sortent du Paradis, l. XII, p. 348—9.

Prétention (l'homme à), exigeant, Conv. ch. II, p. 219-20.

Pleurs, bourg de la Walteline; sa destruction, l'H. des Ch. ch. III, p. 211 5, not. p. 200-1.

Priam s'arme et marche contre les Grecs; égorgé par Pyrrhus, En. l. II, p. 235-9.

Prisme (le); usage qu'en fit Newton, 3 R. ch. I, p. 44, not. p. 80-4, ch. IV, p. 247, not. p. 292.

Prisonniers (les); la pitié adoucit leurs maux, Pit. ch. II, p. 57-61; la Convention ordonne de les égorger, p. 73-4; prisonniers français en Angleterre; quête des émigrés français pour eux, Pit. ch. II, p. 74 s not. p. 197-8; leur industrie, Im. ch. VI, a. p. 117, b. p. 122.

Prisons (les); coup-d'œil sur celles des principaux pays de l'Europe, d'après Howard, Pit. ch. II, not. p. 185-92.

Pucerons (les); particularités qui les caractérisent, 3 R. VII, p. 152, not. p. 206-7.

Pudeur (la), compagne inséparable

de la grâce, Im. ch. III, a. p. 183, b. p. 176.

Pulhavi (description et éloge du jardin de), Jard. ch. I, p. 37-42.

Pyramides (les); Im. ch. III, a. p. 213, b. p. 202.

Pyrrhus; son ardeur et ses cruautés, En. l. II, p. 231 et suivantes.

## Q.

Questionneur (portrait du), qui veut prouver qu'il est instruit, Conv. ch. I, p. 86-8, not. p. 209-10.

## R.

Rabaut de St.-Etienne (mot de), Pit. ch. IV, not. p. 230.

Radonvillers (l'abbé de); sa réponse au discours de réception de Delille, P. f. p. 108-18.

Radziwil; éloge de ce parc, Jard. ch. IV, p. 149-50.

Raison (la), supérieure à l'instinct, Im. ch. I, a. p. 66, b. p. 70;

3 R. ch. VII, p. 156-7, ch. VIII, p. 260-I.

Raphaël; Dieu l'envoie vers Adam, pour le prémunir contre les pièges de Satan, Par. p. l. v. p. 273-4; il part et arrive dans le paradis, p. 276-7; partage le repas d'Adam et d'Eve, p. 281-3; sa conversation avec eux, p.

284-8; leur raconte l'histoire de la rébellion des mauvais anges, les combats dans le ciel, et le triomphe du fils de Dieu, p. 288; recommande à Adam de se tenir en garde contre les embûches de Satan, l. VI, p. 48-9; interrogé par Adam sur les mouvements des corps célestes, il lui conseille de ne pas chercher à pénétrer ces secrets, et de se borner à adorer Dieu et à lui être fidèle, l. VIII, p. 103—8; lui demande l'histoire de sa création, p. 110—1; lui donne des conseils utiles, et le quitte, p. 125 —9.

Rapin (le père); examen de son poëme, Jard. Préf. p. 2-4.

Rapinat, objet d'exécration pour la Suisse, Pit. ch. II, p. 78-80, not. p. 203 —4.

Raton, chatte de l'auteur; son éloge, l'H. des Ch. ch. III, p. 136.

Rats (les); leurs mœurs 3 R. ch. VIII, p. 241-2, not. p. 272 —3.

Réaumur (éloge de); ses ouvrages, 3 R. ch. VII, p. 162—4, not. p. 215—6.

Reconnaissance (la); elle double le prix des bienfaits, Im. ch. II, a. p. 122, b. 123.

Reding (Aloïs de); ses efforts pour sauver sa patrie; ses succès, Pit. ch. II, not. p. 201-3.

Réfugiés (un Français et sa femme) sur les bords de l'Amazone, visités par un ami ; Pit. ch. IV, p. 157-68.

Règnes animal et végétal; différences qui les caractérisent, 3 R. ch. VII, p. 133, not. p. 185; rapports qui rapprochent les 3 règnes, ch. VIII, p. 257.

Regret (le); il vit du passé, et jouit même de ses pleurs, Im. ch. II, a. p. 122, b. p. 123; ceux que cause le mauvais emploi de la jeunesse, ch. VI, a. p. 91, b. p. 91.

Religion (la); combien celle du vrai Dieu est supérieure à toutes les autres, Im. ch. VIII, a. p. 252, b. p. 244.

Remords (le); les tourments qu'il cause servent quelquefois à épurer l'âme, Im. ch. II, a. p. 121, b. p. 122.

Renommée (la); son portrait, En. l. IV, p. 29.

Retraite (la), plus convenable pour les gens de lettres que le grand monde et la cour, P. f. p. 174 et suiv.

Révolte (la), fille de Satan, se fait connaître à son père et lui ouvre la porte des Enfers, Par. p. l. II, p. 130—41; propose au Trépas de faire une route qui les conduise à la terre, l. X, p. 222—3; rencontre Satan revenant de la terre, p. 227; arrive sur la terre, et l'infecte de ses poisons, p. 238-9.

Rhamnès tué par Nisus, En. l. IX, p. 263.

Riants (Objets); au printemps, les fleurs, les enfants, Im. ch. III, a. p. 211, b. p. 200.

Richard, concierge de la Conciergerie, attendri lui-même par les malheurs de Marie-Antoinette, Pit. ch. III, not. p. 221.

Riche (tableau du), Im. ch. VI, a. p. 105, b. p. 109.

Rieur (le), sans gaîté et sans esprit, Conv. ch. I, p. 91, not. p. 211—2.

Rimmon, ange rebelle, Par. p. l. 1, p. 75.

Riquet, auteur du Canal du Languedoc, l'H. des Ch. ch. II, p. 92.

Rivaux (deux), proscrits l'un après l'autre se rencontrent dans une ruine abandonnée, 3 R. ch. V, p. 18-36.

Rivière (la); effets qu'elle produit; comment l'art doit les seconder, Jard. ch. III, p. 118—21.

Robert (M.), peintre, s'égare dans les catacombes, Im., ch. IV, not. a. p. 317, b. p. 299.

Rochers (les); usage qu'on peut en faire dans les paysages, Jard. ch. III, p. 108 12.

Rois (les) sont intéressés à soutenir la justice et l'honneur, Pit. ch. IV, p. 141-3.

Romains (les); combien ils ont honoré les morts, Im. ch. VII, a. p. 151, b. p. 156.

Roquelaure (le) bourgeois, Conv. ch. I, p. 93—5, not. p. 212—4.

Rosamonde, drame

d'Addison, Jard. ch. 1, p. 60, not. p. 202.

Rose (la), fleur de Vénus, d'Anacréon et d'Horace, Jard. ch. III, p. 107.

Rose (la) et l'étourneau, fable, P. f. p. 178—80.

Rouelle, chimiste distingué, 3 R. ch. IV, p. 253, not. p. 296-7.

Rousseau, victime de la défiance, Im. ch. VI, a, p. 98, b. p. 96; explosion de son indignation en quittant Paris, l'H. des Ch. ch. IV, p. 161, not. p. 245.

Roux (Vers à M<sup>me</sup>.), P. f. p. 249—52.

Ruban tricolor (le); quels effets il a produits, Im. ch. VII, a. p. 186, b. p. 184.

Ruines (les); beaux effets qu'elles produisent dans les paysages, Jard. ch. II, p. 150—2; les factices doivent être proscrites, p. 153; celles des Romains, p. 154—5.

Ruisseau (le); comment il doit être placé dans un paysage, Jard. ch. III, p. 116-7; l'H. des Ch. ch. II, p. 55-6.

## S.

Sacrifices humains, Im. ch. VIII, a. p. 258, b. p. 251.

Sage (le) à la campagne; ses jouissances, l'H. des Ch. ch. I, p. 34-41, 47-52, ch. II, p. 69-70; P. f. p. 57; il est heureux par ses biens faits, l'H. des Ch. ch. i, p. 52-66; seul il sait observer la nature et en jouir, ch. iii, p. 107-8; sa mort; Im. ch. vi, b. p.104; ce tableau est celui de la mort de Delille, not. b. p. 133.

Sapho (Imitation de), P. f. p. 243.

Satan; Par. p.; sa chute l. i, p. 55-6; son discours à Belzébuth, p. 58-62; il lui annonce son dessein de lutter de nouveau contre Dieu, p. 65—7; son portrait, p. 62—5, 67—8; il appelle ses légions, p. 68—9; les harangue et les ranime, p. 83—5; propose, dans le Pandémonium, de recommencer la guerre contre le Ciel, l. ii, p. 98-100; se char-

ge d'aller reconna tre le nouveau mo de, p. 118-20; a rêté par deux mon tres à la porte l'Enfer, il reconn en eux sa fille et s fils, la Révolte et Trépas, et leur co munique son desse p. 130—9; trave se l'empire du Cha et de la nuit, p. 1 -5; découvre le Ci p. 149-50; trave se le limbe de var té, l. iii, p. 179-8 contemple le sole p. 186—8; tran formé en ange de l mière, il aborde riel et le prie de indiquer le séjour l'homme, p. 1 —1; son mon logue, peignant remords, ses r grets et sa rage, iv, p. 202-6; en dans le Paradis, e place sur l'Arbre de vie, p. 109-10; observe Adam et Eve, p. 220--2; sa rage en contemplant leur bonheur, p. 228--9; découvert sous la forme d'un reptile auprès d'Eve, arrêté et conduit à Gabriel, p. 242-5; brave Gabriel, qu'il veut combattre; mais effrayé par un signe du Ciel, il s'enfuit, p. 246 -- 7; récit de sa révolte, l. v, p. 292 et suiv. il rassemble ses légions, p. 294; discours qu'il leur adresse, p. 297-8; son combat contre Michel; il succombe, l. vi, p. 21-3; relève le courage de son armée, p. 26--7; propose l'emploi de l'artillerie, p. 29-30; rentre dans le Paradis sous la forme de brouillard, l. ix, p. 143; ses imprécations et sa rage; il s'insinue dans le corps du serpent, p. 143 — 8; ses sensations en voyant Eve; un moment d'intérêt est bientôt remplacé par la haine, p. 159-62; il s'approche d'elle, lui adresse des paroles flatteuses, p. 164-6; lui persuade de manger du fruit de l'Arbre de vie, p. 167-75; quitte le Paradis, l. x, p. 25--8; son discours à la Révolte et au Trépas, qu'il rencontre, p. 229-30; il rentre dans l'Enfer, et reparaît sur son trône, l. x, p. 231; annonce à ses sujets son triomphe et la punition de l'homme, p. 232

−4; changé en serpent comme tous les anges rebelles, p. 235.

Sauvage (Vers à Mademoiselle), P. f. p. 279.

Schirach; sa découverte, 3 R. ch. VII, not. p. 217-8.

Sel (Mines de); tableau de celles de Wilitzka, 3 R. ch. V, p. 10, not. p. 42—3.

Semences (les); différentes préparations qu'on leur fait subir, G. de V. l. I, not. p. 116-8.

Sens (les); ils se prêtent un secours mutuel, Im. ch. I, a. p. 45, b. p. 53.

Sensibilité (la); il y en a de deux espèces, Jard. Préf. p. 15-6.

Sentiers (les); leur direction dans les jardins, Jard. ch. IV, p. 132-3.

Septembre (le 2); traits d'héroïsme qu'il produisit, Pit. ch. III, p. 122, not. p. 25-7.

Serpents (les); objets d'hommages, de terreur; poison, remède, etc. 3 R. ch. VII, p. 169-73, not. p. 225-7; dangereux pour les troupeaux, G. de V. l. III, p. 259-61.

Serres chaudes (les) doivent contenir les végétaux étrangers, mais non hâter les fleurs et les fruits des nôtres; Jard. ch. IV, p. 146-7.

Servet, victime de Calvin; ses ouvrages sont très-rares, Im. ch. III, not. a. p. 233, b. p. 221.

Sève (la), ses phénomènes, l'H. des Ch. ch. III, not. p. 217.

Sibylle de Cumes (la), consultée par Enée, lui répond, En. l. vi, p. 259 et suiv. le conduit aux Enfers, p. 277 et suiv.

Sicile (détails géographiques sur la), En. l. v, not. p. 240-53.

Simon; ses barbaries envers Louis XVII, Pit. ch. iii, not. p. 122--4.

Sinon; son récit et ses impostures, En. l. ii, p. 191-203.

Socrate; son influence sur tous ceux qui conversaient avec lui, Conv. not. p. 185--6.

Sœurs grises (les); leur éloge, Pit. ch. ii, p. 67-8, not. p. 192.

Soie (la); idées des Romains sur cette substance, G. de V. l. ii, not. p. 187-8.

Soleil (le), annonce le beau temps ou l'orage, G. de V. l. i, p. 83-5 ; son éclat, Par. p. l. iii, p. 260--1 ; son culte, fort répandu, était une erreur très-naturelle, Im. ch. viii, a. p. 250, b. p. 242.

Sombreuil (Mademoiselle de), sauve son père, Pit. ch. iii, p. 225.

Sommerstown (Etablissement de), Pit. ch. ii, p. 68, not. p. 193-6.

Son (le); explication des phénomènes qu'il produit, 3 R. ch. ii; p. 185-7.

Songes (les); ils confondent ou déplacent souvent les objets; souvent aussi ils ne sont que les effets des passions et des habitudes, Im. ch. i, a. p. 53, b. p. 60.

Souvenirs de l'enfance

(les) font souvent le charme de la conversation, Conv. Prol. p. 36-7 ; dans un paysage tiennent lieu d'ornements ; Jard. ch. III, p. 125--6.

Spallanzani; son éloge; exquisse de ses travaux, 3 R. ch. VII, p. 156-7 ;not.p. 208-9.

Spoliations révolutionnaires (les), Pit. ch. IV, p. 133.

Statues (les) des Dieux des anciens et celles des grands hommes, peuvent servir à orner les paysages, Jard. ch. IV, p. 155-9.

Staffa (grotte de), 3 R. ch. IV, p. 283-4.

Steiger, avoyer de Berne ; ses vertus, son patriotisme, son dévouement, Pit. ch. 1, p. 76, not. p. 200.

Stillingfleet, auteur d'un poëme anglais sur la Conversation, Conv. ch. 1, not p. 177.

Stow, type des jardins anglais, Jard. ch. IV, p. 141-2.

Style (le); perfection de celui de Virgile, En. Préf. p. 438.

Suisses (les); leur bonheur, leurs vertus, leur aveuglement, leurs malheurs, leur intrépidité, Pit. ch. II, p. 73—81, not. p. 198—9.

Susceptible (l'homme), Conv. ch. II, p. 121—2.

## T.

Tammus, chef d'anges | rebelles, Par. p. 1.

1, p. 74—5.

Tarchon, roi des Toscans, fait alliance avec Énée, En. l. x, p. 25; son vaisseau échoue en touchant le rivage, p. 41; ranime les Toscans, et se signale à leur tête, l. xi, p. 219-3.

Tarente (la princesse de), sauvée par son héroïsme, Pit. ch. iii, p. 124, not. p. 27.

Tarillon (le P.), auteur de l'*Ars confabulandi*, Conv. not. p. 187.

Tarquitus tué par Énée, En. l. x, p. 69.

Tartare (description du), En. l. vi, p. 305—15.

Tasse (le), ami de la Féerie, est enchanteur lui-même, Im. ch. i, a. p. 43, b. p. 41.

Taureau (le); ses combats, G. de V. l. iii, p. 243.

Tempête excitée par Éole contre les Troyens, En. l. i, p. 69-73; réflexions sur la description de Virgile, not. p. 148-57.

Temps, beau ou mauvais; signes qui l'annoncent, G. de V. l. i, p. 89-95.

Terme (le dieu); ce qu'il était, Pit. ch. iv, p. 134, not p. 232; utilité de son culte, Im. ch. viii, a. p. 244, b. p. 237, not. a. p. 285, b. p. 280.

Terrains (les); comment on peut les distinguer, G. de V. l. ii, p. 59-61.

Terre (la); révolutions qu'elle a éprouvées, 3 R. ch. iv, p. 263; changements dans l'état et les mœurs des différentes nations, p. 70—1.

Terres ( diverses espèces de ); leur nature, leurs différences, leurs propriétés et usages, 3 R. ch. IV, p. 244 et suiv. not. p. 286 et suiv.

Terreur ( peinture du régime de la ), Pit. ch. III, p. 89 et suiv. not. p. 206 et suiv. souvenirs de ce régime, l'H. des Ch. ch. IV, p. 165-70.

Thalès ; ses connaissances astronomiques, 3 R. ch. III, p. 193, not. p. 227.

Théâtres ( les ) des Grecs, de Corneille, Racine, Voltaire et Shakespeare, Imag. ch. V, a. p. 28, b. p. 26 ; de société,

l'H. des Ch. ch. I, p. 33-5.

Théophraste, comparé avec la Bruyère, Conv. Préf. p. 19-27, not. p. 167-9.

Thérèse (Sainte); modèle d'amour divin, Im. ch. I, not. a. p. 91, b. p. 94.

Thiars (de); son éloge et sa mort, l'H. des Ch. ch. IV, p. 166-7, not. p. 249.

Thomson; son éloge; pourquoi il est inférieur à Virgile, G. de V. préf. p. 24-5.

Tibre ( le ) apparaît à Énée en songe et le rassure sur l'avenir, En. l. VIII, p. 127-31.

Tigre ( le ); sa férocité ; obéit à l'amour et à l'instinct naturel, 3 R. ch. VIII, p. 251—4.

Tinville(Fouquier de); ses forfaits, Pit. ch.

III, p. 93 ; ses vers à Louis XVI, not. p. 208—9.

Tolumnius lance un trait qui blesse un Troyen, ce qui fait rompre la trève, En. l. XII, p. 303 ; tué, p. 325.

Tombeaux (les) ; ceux des grands hommes devraient être en plein air, Im. ch. VII, a. p. 176; b. p. 176; profanation de ceux de St.-Denis, a. p. 177, b. p. 177, not. a. p. 210, b. p. 207 ; comment les Suisses placent ceux de leurs parents et amis, l'H. des Ch. ch. I, p. 50-1.

Toricelli ; son expérience sur la pesanteur de l'air, 3 R. ch. II, p. 120, not. p. 165 ; son expérience pour prouver l'influence des colonnes d'air sur les fluides, 3 R. ch. II, not. p. 166-8.

Toscans (les) accompagnent Enée; noms des principaux, En. l. x, p. 27-33.

Toucher (le) ; sa supériorité sur les autres sens, Im. ch. I, a. p. 44, b. p. 53; fait cité par Aldrovandi, not. a. p. 86, b. p. 89.

Toulon ; anecdote de l'époque qui a suivi le siége de cette ville, Pit. ch. III, not. p. 212-3.

Tour du Pin (M. de la); inscription pour son tombeau, P. f. p. 300.

Tour du Pin (M. et Madame de la), établis sur la Delaware; leur courage, leur résignation, leurs occupations, Pit. ch. IV, not. p. 240--3.

Traduction (la); difficultés que lui oppose notre langue, G. de V. Préf. p. 26-33; celle en vers et celle en prose, p. 40—5; esprit qui a dirigé l'auteur dans celle des G. de V. p. 45-51.

Transfiguration (la), Im. ch. v, a. p. 16, b. p. 14.

Trapistes (les); quelle édification leur conduite offre dans les cantons qu'ils habitent, Jard. ch. II, p. 70—2.

Travaux champêtres (les); leurs époques, G. de V. l. I, p. 73—7.

Trembley découvre la nature des polypes; ses expériences, 3 R. ch. VI, p. 89, not. p. 123, ch. VII, p. 135, not. p. 186.

Trépas (le), fils de Satan, essaie d'arrêter son père à la porte de l'Enfer, Par. p. l. II, p. 130—4; construit avec la Révolte un pont qui les conduit sur la terre, l. x, p. 222-5; infecte la terre de ses poisons, p. 238-9.

Tressan (le comte de); son éloge par Delille, P. f. p. 134-46; vers pour son portrait, p. 248.

Trictrac (description du), l'H. des Ch. ch. I, p. 38.

Triomphes (les) des Romains; leur pompe; Im. ch. VII, a. p. 162, b. p. 165.

Tristes (des objets), placés sans affectation, sont vus avec intérêt, Jard. ch. IV, p. 137.

Tristesse (la); elle a aussi ses charmes, Im. ch. III, a. p.

202, b. p. 193; celle d'une mère au tombeau de son fils, a. p. 205, b. p. 195.

Troupeaux (les); soins divers qu'ils exigent selon les heures et les climats, G. de V. l. III, p. 251-7.

Troyens (les) font entrer dans leur ville le cheval de bois, En. l. II, p. 205-7; se défendent en désespérés, p. 227-9; abordent à l'île de Crète, l. III, p. 323; aux rivages de Leucade, p. 333; trouvent une image de Troie, p. 341; cotoient l'Italie, échappent à Caribde et à Scylla, p. 361-7; leur effroi et leur fuite à la vue de Polyphème, p. 375-7; ils abordent en Sicile, p. 381; à Carthage, p. 383; préparent leur départ, l. IV, p. 51; les plus âgés restent en Sicile, l. V, p. 209; abordent en Italie, l. VI, p. 255, évitent l'île de Circé, l. VII, p. 9--11; mangent leurs tables, p. 21; défendent leurs remparts, l. IX, p. 285--7; essuient un horrible carnage de la part de Turnus, p. 313; ranimés par Mnesthée et Séreste, p. 315; toujours pressés par les Latins, l. X, p. 23--5; brûlent leurs morts, l. XI, p. 165-9; attaquent les Latins, p. 207-9; triomphent, p. 237-41.

Troyennes (les) incendient la flotte d'Énée, En. l. V, p. 201--3.

Trublet (l'abbé); anecdote de lui, Conv.

not. p. 188-9.

Turcs (les); luxe de leurs jardins, Jard. ch. 1, p. 37.

Turgot; ses vertus et grandes qualités, Im. ch. VII, a. p. 160, b. p. 163, not. a. p. 204; b. p. 200; vers qui lui sont adressés sur le séjour du roi de Danemark à Paris, P. f. p. 124-6.

Turnus communique à ses sujets la rage qu'Alecton lui a inspirée, En. l. VII, p. 53; excite les Latins à demander vengeance à Latinus, p. 65--7; paraît à la tête de ses troupes, p. 87 — 9; attaque le camp des Troyens, l. IX, p. 235 — 7; harangue son armée, p. 243 — 5; brûle une tour, p. 285 — 7; ses exploits, p. 289-91; tue Bitias, p. 307; est renfermé dans le camp des Troyens, p. 307; tue Pandore, frère de Bitias, p. 309; fait un grand carnage, p. 311; se jette dans le Tibre, et échappe aux Troyens, p. 315; tue Pallas, et se revêt de son armure, l. X, p. 61; poursuit le fantôme d'Enée, qui l'emporte loin des combats, p. 77—81; répond avec fierté à Drancès, l. XI, p. 183—91; se prépare au combat, p. 195; sa réponse à Camille, p. 197; s'embusque dans des montagnes par où il croit qu'Enée passera, p. 199; apprend la mort de Camille, et revient, p. 237-9; repousse les conseils pacifiques de Latinus, l.

xii, p. 275 — 81; se prépare à combattre Énée, p. 283 —7; profite du désordre que cause parmi les Troyens la blessure d'Enée, p. 309—15; ses nouveaux exploits, p. 329-31; désabusé, cherche Enée, p. 343—47; paraît devant Laurente, p. 349; combat Enée, p. 351—71; blessé, implore la pitié de son rival, p. 373; tué par lui, p. 375; réflexions sur sa mort et son caractère, not. p. 403—6.

Twickenham, jardin de Pope, Jard. ch. iii, p. 126-30.

## U.

Ufens marche au secours de Latinus, En. l. vii, p. 83.

Umbro, pontife et guerrier, se joint aux alliés de Latinus, En. l. vii, p. 85.

Uriel, interrogé par Satan, lui indique le séjour de l'homme, Par. p. l. iii, p. 190—4; prévient Gabriel qu'un ange rebelle a pénétré dans le Paradis, l. iv, p. 230.

Utile (l') ne doit pas être négligé, et peut servir d'ornement, Jard. ch. ii, p. 95-7.

## V.

Vaillant de Brule (à Mme. et Mlle.), P. f. p. 299.

Vaisseau (le), chef-d'œuvre de l'industrie humaine, Im. ch. v, a. p. 53, b. p. 49.

Vaisseaux (les) des Troyens changés en nymphes, En. l. ix, p. 243—5 ; une de ces nymphes presse Énée de se rendre à son camp, l. x, p. 35-7.

Vallisneria ; circonstances qui accompagnent la fécondation de cette plante, 3 R. ch. vi, p. 81—2, not. p. 121-2.

Vannoz (M^me. de), auteur d'un poëme sur la Conversation, Conv. Préf., p. 32.

Vaucluse (fontaine de) embellie par la nature et par les souvenirs, Jard. ch. iii, p. 125-6.

Vaudchamp (M^lle.) a adouci pour le poëte la perte de la vue, Pit. ch. i, p. 46-7, not. p. 179-80.

Végétation (la) ; on travaille à en multiplier les richesses, Jard. ch. ii, p. 86-9.

Vengeance (la) ; effets terribles de cette passion, Im. ch. ii, a. p. 123, b. p. 124; exemple affreux, a. p. 125, b. p. 126 ; exemple semblable, not. a. p. 159, b. p. 155.

Vendéens (les) ; pendant une trève, se mêlent aux Républicains, Pit. ch. ii, p. 42—8.

Vents (les ; différentes espèces ; causes qui les produisent, 3 R. ch. ii, p. 129-30, not. p. 178--185 ; leurs effets heureux ou funestes, p. 129—34.

Vénus implore le secours de Jupiter en

faveur d'Enée, En. l. I, p. 83-7 ; son apparition à Enée à qui elle annonce une réception favorable, p. 93-101; son discours à l'Amour, p. 129 ; enlève Ascagne, p. 131 ; montre à Enée les Dieux acharnés à la perte de Troie, l. II, p. 243-5 ; sa réponse à la proposition de Junon, l. IV, p. 21-3 ; obtient de Neptune la promesse de ne point contrarier les projets d'Enée, l. V, p. 211—5; demande à Vulcain des armes pour son fils, l. VIII, p. 161—5 ; les apporte à Enée, p. 187—9 ; se plaint des persécutions que les Troyens éprouvent, l. X, p. 11-5 ; apporte le dictame qui guérit Enée, l.

XII, p. 319-21.
Ver-luisant et luciole, 3 R. ch. I, p. 51, not. p. 98—101.
Verdun ; supplice de 12 jeunes filles et de quelques habitants de cette ville, Pit. ch. III, p. 125-7, not. p. 227 — 9.
Vers (les) ; quelques-uns se multiplient par la section, 3 R. ch. VII, p. 137, not. p. 189.
Vers de société (épitre sur les), P. f. p. 217 —23.
Versailles ; prodiges réalisés dans ce lieu par Louis XIV, Jard. ch. I, p. 55-6; destruction de l'ancien parc, ch. II, p. 76-7.
Vertu (tableau de la), Im. ch. VI, a. p. 91, b. p. 91.
Vertueux (l'homme), Im. ch. VI, a. p. 93, b. p. 92.

Vie champêtre ( la ); utilité des poésies qui en retracent les charmes, l'H. des ch. préf. p. 4 — 6; combien peu de personnes savent la goûter, ch. 1, p. 30 — 2; variété des jouissances qu'elle présente selon les différentes saisons, p. 35—7; les jeux, les gazettes, les lectures, la pêche et la chasse, p. 37-43; sa principale jouissance vient des bienfaits qu'on répand, p. 52 —4; combien les bienfaits peuvent être multipliés, p. 54—6.

Vieillard ( le ) accusé de sortilége; sa justification, l'H. des Ch. ch. II, p. 73-4.

Vieillards ( les ); leurs délassemens, l'H. des Ch. ch. 1, p. 64.

Vieillesse ( la ); elle offre tous les trésors du passé, Im. ch. III, a. p. 193, b. p. 185.

Vigne (la); choix du sol, G. de V. l. II, p. 157—61; règles à observer pour la planter, p. 163—7; époque de la taille, p. 171; culture et soins divers, p. 173 —5.

Villageois ( les ); leurs délassemens et leurs jeux, l'H. des Ch. ch. 1, p. 64—5.

Villars; ses succès militaires ne lui avaient point fait oublier ses succès de collége, Im. ch. IV, not. a. p. 299, b. p. 282.

Vin ( le ); son éloge et ses effets, 3 R. ch. VI, p. 91—3.

Vins cités par Virgile, G. de V. l. II, p. 147-8, not. p. 196-8.

Vincent de Paule (St.); extrait de son panégyrique par le cardinal Maury, Im. ch. II, not. a. p. 170, b. p. 164.

Virbius, fils d'Hippolyte, allié de Latinus, En. l. VII, p. 85-7.

Virgile contribua à ranimer chez les Romains le goût de l'agriculture; G. de V. préf. p. 9; ses Géorgiques renferment peu d'erreurs, p. 11-3; justifié des reproches de manquer de méthode, de transition et d'intérêt, p. 13 et suiv. comparé avec Vanière, Rapin, Thomson, p. 23-6; supérieur à Homère, quand il l'imite, En. préf. p. 19-20; artifice et beauté de ses comparaisons, p. 48-53; beautés de son style, p. 43 8-, l. 1, not. p. 148 -57; descente aux Enfers comparée à celle d'Homère, En. l. VI, not. p. 344-9; il n'a point révélé les mystères d'Eleusis, p. 355 — 8; rapport entre ses idées philosophiques et celles exposées dans une fable rapportée par Socrate, p. 358 et suiv. avec quelle éloquence il peint les mœurs des animaux, l'H. des Ch. ch. IV, p. 155-6, not. p. 244; charme de sa poésie, p. 163-4; caractère de sa poésie, Im. ch. V, a. p. 36, b. p. 34; combien il est supérieur à Lucrèce; avec quel art ses épisodes sont liés au sujet, 3 R. préf.

p. 19-20.

Volcans ( les ); leur formation; terreur qui précède leur explosion; leurs terribles effets; monuments superbes produits par eux, 3 R. ch. IV, p. 283—5; matières qui les alimentent, l'H. des Ch. ch. III, p. 109, not. p. 196-7; désastres qu'ils causent, et ruines qui en conservent le souvenir, p. 113—6.

Volnis et Azélie, épisode, Im. ch. II, a. p. 144, b. p. 142.

Volscens égorge Euryale; tué par Nisus, En. l. IX, p. 269—75.

Voltaire comparé à Atlas, Im. ch. V, a. p. 44, b. p. 41.

Voyages ( les ); leur utilité pour former le cœur et l'esprit, P. f. p. 182-206; inconvénients et ridicules que doivent éviter les voyageurs, p. 329—56.

Voyageur bavard (le), Conv. ch. I, p. 80—1.

Voyageurs ( Conseils à deux enfants ), P. f. p. 329—56.

Vulcain promet à Vénus des armes pour Énée, et les fait forger, En. l. VIII, p. 163—73.

## W.

Walckenaer, auteur de notes sur la Géographie de l'Énéide, En. l. I, p. 166 -71, 9—80; l. II, p. 309—8; l. III, p. 386 — 9, 91-404, 6-8, 14-7;

22--7; l. v, p. 240-53.

Waldeck ( le prince de ) accueille les émigrés, Pit. ch. iv, p. 146-7.

Walter et Leeboo, épisode, Im. ch. i, a. p. 69, b. p. 73.

Watelet; son jardin, Jard. ch. iii, p. 119.

Whately, dessinateur de jardins anglais, Jard. ch. iii, p. 106-10, not. p. 207-8.

Wieland; passage sur les Grâces traduit de cet auteur, Im. ch. iii, not. b. p. 215.

Winkelmann; son éloge de l'Apollon du Belvédère, Im. ch. v, not. a. p. 62, b. p. 62.

FIN DE LA TABLE.

# LIBRAIRIE DE L. G. MICHAUD,

ÉDITEUR DES OEUVRES DE DELILLE, DE DUREAU DE LAMALLE, DE LA BIOGRAPHIE UNIVERSELLE, etc.

---

## BIOGRAPHIE UNIVERSELLE,
### ANCIENNE ET MODERNE,

Ou Histoire, par ordre alphabétique, de la vie publique et privée de tous les hommes qui se sont distingués par leurs écrits, leurs actions, leurs talents, leurs vertus ou leurs crimes, ouvrage entièrement neuf, rédigé et signé par MM. Artaud, Auger, Barante (de), Beauchamp, Bernardi, de Bertrand-Molleville, Biot, Boissonade, Catteau-Calleville, Clavier, Cuvier, Delambre, D. sports Féletz Fiévée, Ginguené, Grosier, Guizot, Lacretelle, de Lally-Tolendal, Landon, Langlès, La alle, Malte-Brun, Michaud, Millin, Noël, Petit-Thouars (du), Quatremère-de-Quincy, Rossel (de), Salabery (de), Sismondi, Suard, Tabaraud, Treneuil, Vanderbourg, Visconti, Weiss, et autres gens de lettres et savants. ONZIEME LIVRAISON, composée des tomes XXI et XXII.

Sur papier carré fin, de 14 f et 19 f. *franc de port par la poste.*
—— grand-raisin fin : 24 et 30 *idem.*
—— vélin superfin : 48 et 53 *idem.*

Il a été tiré un seul exemplaire sur peau vélin, avec fig. Prix : 600 fr. le volume.

Chacune des dix livraisons publiées est du même prix; elles forment 20 vol. in-8., et la douzième, composée des tomes XXIII et XXIV, paraîtra en mai 1819; les autres se succéderont avec exactitude. L'ouvrage entier sera composé de dix-huit livraisons, ou trente-six volumes.

On peut joindre à chaque volume un cahier d'environ 30 portraits au trait, dont le prix est de 3 fr. pour le papier ordinaire; 4 fr. pour le papier grand raisin, et 6 fr. pour le vélin.

Le succès que cet ouvrage, commencé depuis plusieurs années, a obtenu, et le nom de ses auteurs, nous dispensent d'en parler plus au long. Il est aujourd'hui reconnu qu'aucun Dictionnaire historique n'a été fait avec plus de soins : ce qui le démontre le mieux, c'est qu'arrivée aux deux tiers de son exécution, cette entreprise a été imitée ou traduite dans presque toutes les langues de l'Europe.

BIOGRAPHIE DES HOMMES VIVANTS, *ou Histoire, par ordre alphabétique, de tous les Hommes encore vivants.*

Qui ont marqué à la fin du 18e. siècle et au commencement de celui-ci, dans toutes les contrées et principalement en France, par leurs écrits, leur rang, leurs emplois, leurs talents, leurs malheurs, leurs crimes; et où tous les faits qui les concernent sont rapportés de la manière la plus impartiale et la plus authentique ; ouvrage entièrement neuf, et où l'on n'a admis aucun article d'hommes morts, afin qu'il fût un complément naturel et sans double emploi de la *Biographie universelle*, annoncée ci-dessus, comme de tous les Dictionnaires historiques et et biographiques,

PREMIERE LIVRAISON, composée des tomes I et II.

Sur papier carré fin, de 14 f. et 19 f. *franc de port par la poste.*
—— grand - raisin fin : 24 et 30 *idem.*
—— vélin superfin : 48 et 53 *idem.*

DEUXIEME LIVRAISON, composée du tome III, 7 fr. sur papier carré, 12 fr. grand raisin, et 24 fr. vélin.

TROISIEME ET DERNIÈRE LIVRAISON, composée des tomes IV et V, du même prix que la première pour les divers papiers.

Le prix de l'ouvrage entier, composé de cinq volumes, est de 35 fr. pour le papier carré, 60 f. pour le papier gr. raisin fin, et de 120 fr. pour le vélin gr. raisin broché en carton avec les portraits.

Le prix des portraits que l'on peut réunir à chaque volume de la *Biographie des hommes vivants*, au nombre de 20 environ, est le même que pour la *Biog. universelle*, c'est-à-dire, de 3 fr. par volume sur le papier carré, 4 fr. sur le papier grand raisin, et 5 fr. sur le vélin.

# OEUVRES DE J. DELILLE.

BROCHÉS. fr. c

In-18.   16 vol. pap. fin, gr.-raisin, 30 fig. avec la Table.   53 »
In-8°. { 16 vol. pap. fin, gr.-raisin, 32 fig. . . id. . .   100 »
        { 6 —— Vélin superfin, 47 fig. broc en cart. id.   240 »
In-4°.   16 vol. pap. vél. superf. 50 fig. broc. en cart. id.   1000 »

*On vend séparément tous les ouvrages de la collection, savoir :*

**POÉSIES FUGITIVES** de J. DELILLE, nouv. édition, augmentée d'un grand nombre de pièces inédites, suivie du *Dithyrambe sur l'Immortalité de l'ame*.

In-18. papier fin grand-raisin, 2 fig. . . . . . . 4 f. »
—— vélin sup. br. en cart. 2 fig. . . . . 8 »
—— carré commun. . . . . . 2 »
In-8°. papier fin grand-raisin, 3 fig. . . . . . . 7 »
—— vélin sup., br. en cart. 3 fig. . . . 15 »
In-4°. pap. vél. sup. gr.-jésus, 2 fig. br. en cart. . . 60 »

**LA CONVERSATION**, poëme en trois chants.

In-18. papier fin grand-raisin, 1 fig. . . . . . . 3 fr.
—— Le même sur papier fin, 3 fig. . . . 4 »
—— vélin superfin, br. en carton, 3 fig. . . . . 7 »
In-8°. papier fin grand-raisin, 3 fig. . . . . . . 6 »
—— vélin superfin, br. en carton. . . . . . . . 12 »
In-4°. grand-jésus vélin, 3 fig. . . . . . . 50 »

**LES TROIS RÈGNES DE LA NATURE**, poëme en huit chants. Deux volumes.

In-18. papier fin grand-raisin, 2 fig. . . . . . . . . 7 f. »
—— vélin superfin, br. en cart. 4 fig. . . . 15 »
—— carré commun. . . . . . . . . . . 3 50
In-8°. papier fin grand-raisin, 4 fig. . . . . . . . 12 »
—— vélin superfin br. en cart. 2 fig. . . . 28 »
In-4°. vélin grand-jésus superfin, br. en carton. . . 120

**L'IMAGINATION**, poëme en VIII chants, accompagné de notes historiques et litt. DEUXIÈME ÉDITION, revue, corrigée et augmentée. Paris, 1817. — Deux volumes.

In-18. papier fin grand-raisin, 2 fig. . . . . . . . 7 f »
—— vélin superfin, br. en cart. 4 fig. . . . . 15 »
—— carré commun. . . . . . . 3 50
In-8°. papier fin grand-raisin, 4 fig. . . . . . . . 16 »
—— vélin superfin, br. en cart. 2 fig. . . . 30 »
In-4°. vélin sup. grand-jésus, br. en cart. 2 fig. . . . 120 »

**LES JARDINS, ou L'ART D'EMBELLIR LES PAYSAGES,** poëme en 4 chants, NOUVELLE ÉDITION, revue, corrigée et augmentée.

In-18. papier fin grand-raisin, 4 fig. . . . . . 3 f. 50
———— carré commun. . . . . . . . . . . . 1 80
———— vélin superfin, br. en cart. 4 fig. . . 7 »
In-8°. papier fin grand-raisin, 1 fig. . . . . . . 4 »
———— vélin superfin, br. en cart. 1 fig. . . 9 »
In-4°. papier vélin grand-jésus, 4 figures. . . . 50 »

**L'HOMME DES CHAMPS, ou LES GÉORGIQUES FRANÇAISES,** poëme en 4 chants.

In-18. papier fin grand-raisin, 4 fig. . . . . . . 3 f. 50
———— Le même, 1 fig. . . . . . . . . . . 2 50
———— carré commun. . . . . . . . . . . . 1 80
———— vélin superfin, br. en cart. 4 fig. . . . 8 »
In-8°. papier fin grand-raisin, 4 fig . . . . . . 6 »
———— vélin superfin, br. en cart. 3 fig. . . 20 »
In-4°. papier vélin sup. gr.-jésus, br. en cart., 4 fig. 50 »

**LA PITIÉ,** poëme par J. Delille, seconde édition, revue, corrigée et augmentée de plusieurs morceaux supprimés par la censure dans l'édition précédente.

Vol. in-18 papier grand-raisin, fin, avec fig. . . . 3 f 50
———— In-8°. papier fin grand-raisin fin, 4 fig. . . 6
———— vélin superfin, br. en cart., 6 fig. . . . 15
In-4°. papier vélin sup. grand-jésus, 5 fig. br. en cart. 60

**LE PARADIS PERDU DE MILTON,** en vers français.

*In-18, sans le texte.*

2 Vol. grand-raisin, 2 fig. . . . . . . . . . . . 7 »
— Carré sans fig . . . . . . . . . . . . . . . 3 f. 50

*In-4°., avec le texte.*

Papier vélin sup. grand-jésus, br. en cart. 3 fig. . 200 »

**LES GÉORGIQUES DE VIRGILE,** traduites en vers français.

In-18, papier grand-raisin, 1 fig. . . . . . . . 3 f. 50
———— vélin superfin, br. en cart. 5 fig. . . 9 »
———— carré commun avec le texte latin et les notes. . . . . . . . . . . . . . . . . . 1 80
In-8°. papier fin grand-raisin, 1 fig. . . . . . . 7 »
———— vélin superfin cart., 5 fig. . . . . . 18 »
In-4°. papier vélin sup., grand-jésus, 4 fig. . . 100 »

L'ÉNÉIDE, trad. en vers français, par J. Delille, avec des remarques sur les beautés du texte par le même et par J. Michaud, seconde édition revue, corrigée et augmentée des variantes, etc.

*In-18, avec le texte, 4 vol.*

| | |
|---|---|
| Papier carré . . . . . . . . . . . . . . . . . . . | 7 f. » |
| ——— grand-raisin. . . . . . . . . . . . . . . . | 14 » |
| ——— sup. vélin, br. en cart. fig. . . . . . . | 30 » |

*In-8°., avec le texte, 4 vol.*

| | |
|---|---|
| Papier grand-raisin fin, 4 fig. . . . . . . . . . . | 24 f. » |
| ———— vélin superfin, br. en cart. 4 fig. . . . . | 50 » |

*In-4°., avec le texte, 4 gros vol.*

| | |
|---|---|
| Papier vélin superfin grand-jésus, br. en cart. 16 fig. | 240 » |

TABLE ALPHABÉTIQUE, RAISONNÉE ET ANALYTIQUE, DES OEUVRES DE J. DELILLE, vol. in-8°. grand raisin fin 1 fr. 50 c., in-8°. vélin 3 fr., grand raisin in-18 1 fr. 50 c., in-18 vélin 2 fr. 50.

BUCOLIQUES (les) en vers français, par le chevalier DE LANGEAC, précédées de la vie du poète latin, et accompagnées de remarques sur les beautés du texte, par J. Michaud, pour compléter la traduction poétique des *OEuvres de Virgile*.

| | |
|---|---|
| In-18, papier fin grand-raisin, 1 fig. . . | 3 f. 50 |
| vél. superf. broc. en cart. 1 fig. . | 7 » |
| — carré commun ( à l'usage des écoles ). . . . . . . . . . . . . | 1 80 |
| In-8°. papier fin grand raisin, 11 fig. . | 8 » |
| — vél. superf. broc. en cart. 11 fig. | 15 » |
| In-4°. papier vélin superfin grand-jésus, broché ou cartonné, 10 fig. et 10 culs-de-lampe. . . . . . . . . | 100 » |

## OEuvres de Dureau de Lamalle.

**LES OEUVRES DE SALLUSTE**, traduction nouvelle, contenant le texte latin en regard, les harangues et lettres politiques, avec des notes du traducteur; la vie de Salluste par le président de Brosses, etc., *deuxième édition*, revue et corrigée; 1 vol. in-8°., 6 fr.; pap. vélin, cart., 12 fr.; et en 2 vol. in-12, 5 fr.

**OEUVRES DE TITE-LIVE**, trad. en français, par le même, et par M. Noël, conseiller de l'Université.

Première décade, 4 vol. in-8°., avec le texte latin en regard et une carte de l'empire Romain : 24 fr.; pap. vélin, 48 fr. — Seconde et troisième décades, 6 vol. Prix, pap. ordinaire : 36 fr.; pap. vélin, 72 fr. — Quatrième décade, en 3 vol., pap. ord.; prix : 18 fr.; pap vélin, 36 fr. — La quatrième et dernière livraison, composée de deux volumes, contenant la fin du texte, et de la traduction de Tite-Live, avec une table générale, prix : 12 fr.; pap. vélin, 24 fr. Le prix de l'ouvrage complet, composé de 15 vol., est de 100 fr., et 180 fr. sur pap. vélin.

**OEUVRES COMPLÈTES DE TACITE**, traduites par le même, avec le texte latin en regard; les Suppléments de Brotier, traduits par Dotteville, et revus par M. Dureau de Lamalle fils : *troisième édition*, revue, corrigée et soignée par le fils de l'auteur. 6 vol. in-8°., avec les suppléments de Brottier, une carte de l'empire romain. Prix : 36 fr.

**L'ARGONAUTIQUE DE VALERIUS FLACCUS**, traduction en vers français, avec des notes et variantes, le texte latin en regard, 3 vol. in-8°. : 18 fr.

## OEuvres de de Saintange.

**LES MÉTAMORPHOSES D'OVIDE**, traduites en vers, avec le texte; *troisième édition*, revue, corrigée et augmentée de remarques; 4 vol. in-12, pap. fin : 12 fr.

**L'ART D'AIMER D'OVIDE**, traduit en vers, avec le texte et des remarques; un vol. in-12, p. fin av. fig. : 3 f.

LE REMÈDE D'AMOUR, poëme, suivi de *l'Héroïde de Sapho à Phaon*, et d'un choix de quelques Élégies d'Ovide, traduit en vers français, par le même; Paris, 1811; 1 vol. in-12, papier fin : 2 fr. 50 cent.

LES FASTES, par le même, *seconde édition*, en un vol. in-12, 3 fr. 60 c.

## *OEuvres de Ginguené.*

HISTOIRE LITTÉRAIRE D'ITALIE.

La 1re. livraison, 3 vol. in-8. Prix . . 18 fr.

2e. livraison, 2 vol. in-8 . . . . . . 12

3e. livraison, 1 vol. in-8. . . . . . . 6

4e. et dernière livraison, 3 vol. in-8., imprimés par les soins de MM. Daunou, Amauri Duval et Salfi, 20 fr. Le prix de l'ouvrage entier composé de 9 vol est de 56 fr.

LES NOCES DE THÉTIS ET DE PÉLÉE, poëme de Catulle, traduit en vers français, par GINGUENÉ, 1 vol. grand in-18, avec le texte latin en regard. Paris, 1812. Prix, 2 fr. 50 c.

FABLES NOUVELLES, 1 vol. grand in-18, Paris, 1811 : 2 fr. 50 c.

FABLES INEDITES, servant de supplément au recueil du même auteur, imprimé en 1811, et suivies de quelques autres poésies, entre autres LA CONFESSION DE ZULMÉ, le poëme d'ADONIS, etc. : 3 fr.

## *OEuvres de Bertrand-Molleville, ancien mi- de Louis XVI.*

HISTOIRE DE LA RÉVOLUTION DE FRANCE, 14 vol. in-8°. papier grand raisin, Prix, 80 fr. Papier vél. gr.-raisin., 180 fr.

Il y a quelques exemplaires de la 2e. et de la 3e. partie qui peuvent se vendre séparément.

**MÉMOIRES PARTICULIERS** *pour servir à l'Histoire de la fin du règne de Louis XVI*; avec cette épigraphe : *Quæquæ ipse miserrima vidi et quorum pars....* 2 vol. in-8°. Paris, 1816. Prix : 12 f.; papier vélin, brochés en carton, 30 f.

**HISTOIRE D'ANGLETERRE**, *depuis la première invasion des Romains jusqu'à la paix de 1763*, avec des tables généalogiques et politiques.

6 Vol. in-8°., papier carré fin. . . . 36 f.
vélin, cart. . 80

M. de Bertrand-Moleville avait d'abord publié cette Histoire en anglais, à Londres, où elle a eu beaucoup de succès ; et il la traduite ...... lui-même dans sa propre langue. C'est peut-être, dans la littérature, le premier exemple de ce genre ; et l'on ne peut douter que ce ne soit une présomption favorable pour la traduction française, qui ne peut être ainsi qu'un perfectionnement de l'édition originale.

### OEuvres de M. J. Berchoux.

**GASTRONOMIE** (la), ou *l'Homme des Champs à table*, poëme en 4 chants, suivi de Poésies fugitives. QUATRIÈME ÉDITION, revue, corrigée et augmentée. Vol. in-18, orné de jolies figures.

Papier carré de Limoges. . . . . . . . . 1 fr. 80 c.
——— Vél. gr.-raisin superfin, br. en cart., 4 fig. . . . . . . . . . . . 6 .

**DANSE** (la), ou *les Dieux de l'Opéra*, poëme héroï-comique en 6 chants, 2ᵉ. ÉDITION, revue et corrigée.

Vol. in-18, pap. fin, grand-raisin, fig. . . . . . . . . 3 fr.
——— Vélin superfin, br. en cart., fig. . . . 6
——— Le même, sat. et cart., fig. av. la lettre. 8

**PHILOSOPHE** (le) **DE CHARENTON**, roman original. Vol. in-18, papier grand-raisin : 1 fr. 80 c.

**VOLTAIRE**, ou *le Triomphe de la Philosophie moderne*, poëme en huit chants et en vers, avec un épilogue suivi de diverses pièces en vers et en prose, seconde édition, revue, corrigée et augmentée ; Paris, 1817, vol. in-8°.; prix : 5 fr.

## Œuvres de M<sup>me</sup>. Cottin.

ÉLISABETH ou *les Exilés de Sibérie*, roman suivi de la *Prise de Jéricho*, poëme. — 2<sup>e</sup>. édition revue, corrigée et augmentée de notes, avec une Notice historique sur l'auteur. — 1 vol. in-12 : 1 fr. 25 c.

AMELIE-MANSFIELD, troisième édition, revue et corrigée. — 3 vol. in-12 : 4 fr.

CLAIRE D'ALBE, in-12, deuxième édition, revue et corrigée : 1 fr. 25 c.

MALVINA, 3<sup>e</sup>. édition, revue et corrigée. — 3 vol. in-12 : 4 fr.

MATHILDE, mémoires tirés de l'histoire des croisades, deuxième édition, revue et corrigée ; 4 vol. in-12 : 6 fr.

---

ABREGÉ *de Grammaire française*, par M. E. Jacquemard; vol. in-12, br. Paris, 1811. Prix : 2 fr. 50 c. — Le même, in-4°., pap. fin, grand-raisin : 6 fr.

ADIEUX A BUONAPARTE (les), par M. Michaud, de l'académie française, réimprimés sur l'édition qui parut en 1800. Vol. in-18, grand papier. Prix : 2 f. 50 c. et 3 fr., franc de port.

APPEL AU TRIBUNAL DE L'OPINION PUBLIQUE, ou *Recueil des Jugements et autres Pièces officielles*, relatives au procès entre M. Jaquinot de Pampelune, procureur du Roi au tribunal de première instance de Paris, et l'abbé Vinson ; à l'occasion d'un ouvrage intitulé : *Le Concordat expliqué au Roi*. Vol. in-8°. ; prix : 2 fr. 50 c.

APERÇU DES ETATS-UNIS au commencement du XIX<sup>e</sup>. siècle, depuis 1800 jusqu'en 1810, avec des tables statistiques et une carte de cette contrée ; par le chevalier Felix de Beaujour, ancien envoyé de France dans cette contrée. Paris, 1814 ; 1 vol. in-8°. 6 fr.

ASSEMBLÉES REPRÉSENTATIVES (des), par l'auteur des *Considérations sur une année de l'histoire de France* (M. DE FRENILLY). Vol. in-8°., Paris, novembre, 1816. Prix : 3 f.

ANALYSE D'UN COURS DU DOCTEUR GALL, ou PHYSIOLOGIE ET ANATOMIE DU CERVEAU, d'après son système; un vol. in-8. Paris, 1808 : 3 fr.

CHEVALIER (le) ROBERT ou *Histoire de Robert, surnommé le Brave*, dernier ouvrage posthume du comte de TRESSAN. — 2e. édit. revue et augmentée de morceaux inédits.—Vol. in-8, fig. *faisant le treizième des œuvres de cet auteur* : 3 fr.

CONSIDÉRATIONS SUR UNE ANNÉE DE L'HISTOIRE DE FRANCE. Vol. in-8°., 1815; par M. DE FRENILLY. Prix : 3 fr.

CONSULTATIONS DE MÉDECINE, de P.-J. BARTHEZ; 2 vol. in-8. Paris, 1810. Prix : 9 fr.

CORRESPONDANCE ORIGINALE ET INÉDITE DE J.-J. ROUSSEAU, avec Mme. Latour de Franqueville et M. du Peyrou, pour faire suite aux diverses éditions des OEuvres de cet auteur. Paris, 1804 :

In-8°. sur pap. carré fin, 2 vol. . . . . . 9 fr.
——— vélin, br. . . . . . . . 18
In-18. papier gr.-raisin fin, 3 vol. . . . . . 7

Cet ouvrage posthume complète toutes les Editions des OEuvres de Rousseau in-18 et in-8°.

THÉORIE DES RÉVOLUTIONS, *rapprochée des principaux événements qui en ont été l'origine, le développement ou la suite*; par M. le comte FERRAND, pair de France, ministre-d'état, etc., 4 vol. in-8°. Prix : 24 fr.; papier vélin, 45 fr. — Le succès qu'ont obtenu les différentes éditions de l'*Esprit de l'Histoire*, annonce assez favorablement un ouvrage écrit par le même auteur sur la même matière.

DE L'IMPRIMERIE D'ÉVERAT, RUE DU CADRAN, N°. 16.

www.ingramcontent.com/pod-product-compliance
Lightning Source LLC
Chambersburg PA
CBHW071517160426
43196CB00010B/1552